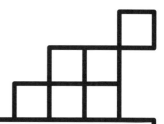

ウェルビーイングな学級経営のためのポジティブ心理学

Positive Psychology for Well-being Classroom Management

+

先生や子ども、そして保護者の幸せな人生に向けて

Toward the Well-being of Teachers, Children, and Parents

阿部隆幸

Takayuki Abe

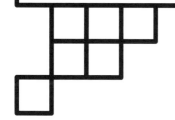

アルテ

はじめに

学校関係者であれば誰もが用いる「学級経営」という言葉ですが、確固とした一般的な定義は見当たりません。各立場で思い思いの学級経営が存在します。特に小学校では、一人の学級担任が一つの学級集団を担当することが一般的です。各学級担任の思いが目の前の学級に展開されることになり、その結果、独りよがりの学級経営に陥るときがあります。一方で、SNSを中心に情報が一気に拡散されるため、周囲に気を使って学級経営を進めている方がたくさんいます。まとめると学級経営は次のようになりがちだと言えるでしょう。

●自分の感覚で自分の思うままに進める学級経営
●管理職や先輩教師から指示されたとおりに進めようとする学級経営
●有名な教師の著書や講座をもとに進めようとする学級経営

これは「学級経営」は従来から「大切だ」「難しい」と言われながらも、学ぶ機会が少なかったことや明確な定義がなかったことが原因だと考えられます。

本書は、「学級経営」を理論と実践を結びつけて考えられるように「あり方」「考え方」「進め方」「振る舞い方」という構成にしました。

「序章」は、本書のタイトルに使われている「ウェルビーイング」「学級経営」「ポジティブ心理学」の三つの用語の意味とその関係性を説明しています。

「第一章　あり方（観）」は、これからの学級経営に求められる大切な視点を八つ取り上げて説明しています。ポジティブ心理学をもとにウェルビーイングな学級経営に進む理論的な根拠となります。

「第二章　考え方（論）」は、一章で取り上げた八つの視点を一つに包含する考え方として本書の核になる「学びのモデル（サイクル）」を説明しています。これを用いて進める学級経営を「ウェルビーイング（になる仕組み）で教える」としました。実際の学級経営を進める基盤の提案です。

「第三章　進め方（術）」は、主にポジティブ心理学のエビデンスをもとに、「ウェルビーイング（になる仕組み）を教える」技法やエクササイズを紹介しています。明日にでも実践できる内容です。

「第四章　振る舞い方」は、私から見ていつも元気に学級経営を進めている先生へインタビューを行い、実際の現場からウェルビーイングを結びつける試みをしています。

感覚だけで進める学級経営にならないように理論と結びつけるようにしました。一方で、理論だけが独り歩きしないように配慮し現場で使えるようにしたつもりです。ぜひたくさんの方に手にとっていただき、現場でご活用いただけますと幸いです。

目　次

序章　「ウェルビーイング」と「学級経営」と「ポジティブ心理学」

学級経営充実の必要性

「学級経営」とは、「学級における担任の全ての仕事に関わる用語」[1]です。その範囲を図に描くと図1のようになります。子どもたちの学校生活を授業とそれ以外に分けて、授業以外の部分を学級経営と示す方もいますが、それは狭い学級経営観といえます。特に現在は、後述するように授業における学級経営がとても大切なものになってきています。学級経営は、子どもたちにとって学校生活のほとんどを占める学級の中の出来事であり、その蓄積が子どもたちの成長につながります。それにも関わらず、学級経営の研究や実践の積み重ねがあまりされていません。その理由の一つに、教員養成課程の学びのプロセスがあります。教員養成系の大学は基本的に、教員になるために必要な免許科目を与えるための授業を中心に構成します。現在、学級経営という免許はありません。ゆえに、教員免許付与に重点をおいている大学では、学級経営を軽視する構図になっています。そのような大学から教員になった方は学級経営に関する知識や技術を持ち合わせないまま現場に立つこ

図1：学級経営の範囲

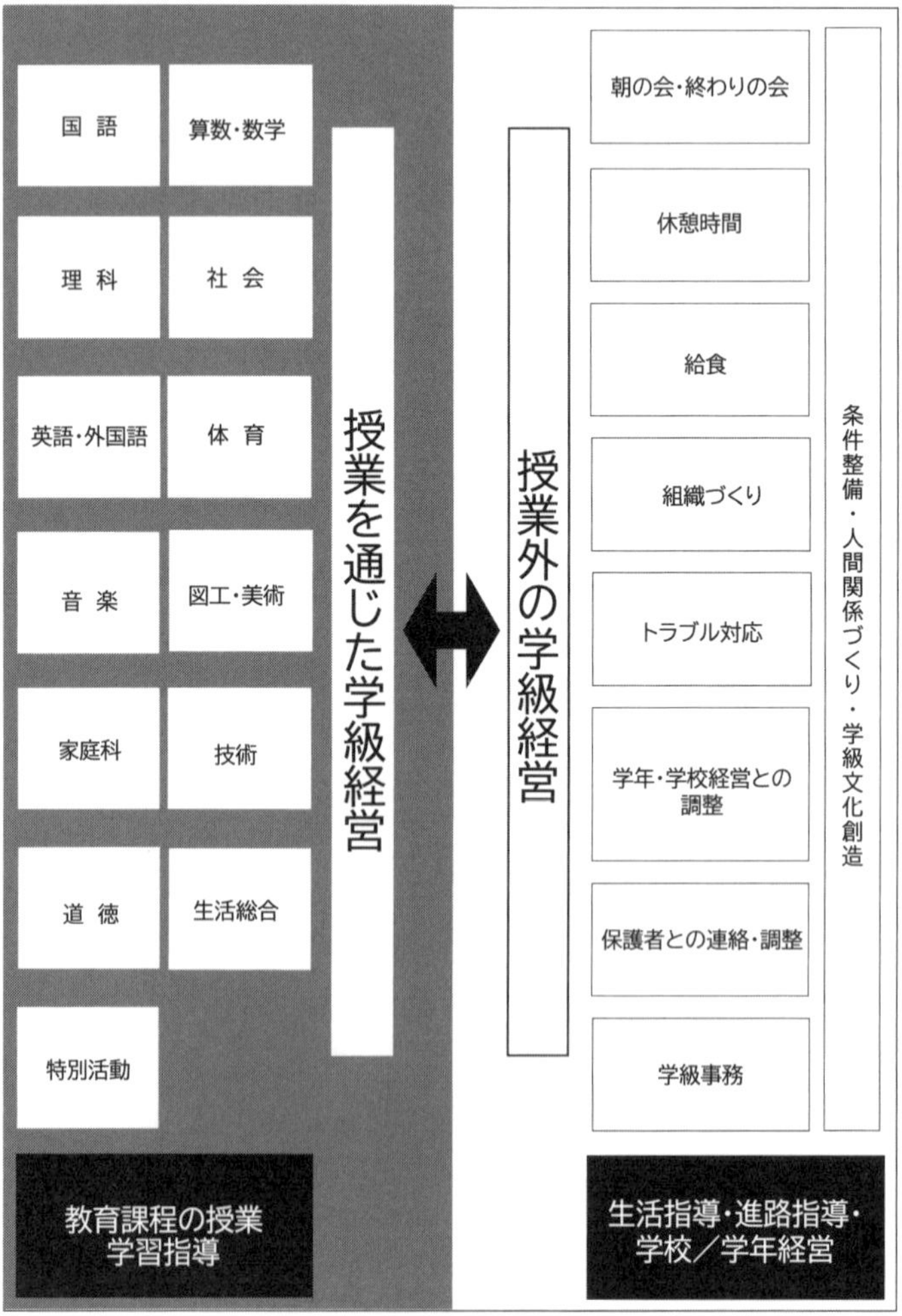

白松賢『学級経営の教科書』東洋館出版社、2017年、p16より作成

ていきます。例えば、

とになります。その結果、いわゆる「勘、経験、度胸」だけで進めていくKKD学級経営が広がっていきます。例えば、

●自分の感覚で進めていったらなんとなくうまくいったような気がするから、これを続けてみよう。
●先輩や同僚が、やっていたから自分も見様見真似でやってみた。
●管理職からこのようにしなさいと指導を受けたので、自分の考えとは関係なく進めてみた。

という感じです。もちろん、いざとなったときの「勘、経験、度胸」は大切です。学校現場では、その時々で思いがけないことが生じます。その時にさっと対応することも教師として望まれます。しかし、この対応の背景に、しっかりした学級経営に対する教師としての「あり方」「考え方」「進め方」があるのとないのとでは、学級集団の学びの質が変わります。何より学級を構成している一人ひとりの子どもたちの生き方が変わってきます。

こうした現状に加えて、今まで以上に学級経営の充実が求められています。なぜでしょうか。私は大きく三つの視点で捉えています。一つは「従来からの学級経営の課題」であり、二つは「これからの学級経営の立ち位置」であり、三つは「現代社会からの要望」です。以下、一つずつ説明します。

従来からの学級経営の課題

令和四年十二月に十二年ぶりに「生徒指導提要」[2]が改訂されました。これは生徒指導に関して、文科省が基本的な理論や実践方法をとりまとめた文書です。多くの学校現場はこの「生徒指導提要」を参考に計画を立てたり、対応を考えたりしています。「学級経営の充実（実際には、「学級・ホームルーム経営の充実」）という表記を数えてみると、平成二十二年度版が二回だったのに比べ、六回に増えました。学級経営と生徒指導は密接な関係にあります。例えば、いじめ、不登校、学級の荒れ（学級崩壊）、校内暴力、（気難しい）保護者への対応と学級経営は不可分です。これらの生徒指導の諸問題を学級経営の充実を通して、なんとかしていかなければならないということの文科省なりのメッセージと受け取りました。

これからの学級経営の立ち位置

従来のような教師主導で一方的な知識伝達型の授業を進める場合、教師が説明をしつづけたり、教師の発問や指示を中心に進める授業になるため、子どもたち同士の関係性の影響はあまりありません。文科省では、二〇一二年に取り上げた「アクティブ・ラーニング[3]」という文言をはじめとして、ここ最近は子どもたちが主体的に学んでいく授業を推し進めています。これはその後に示された「主体的・対話的で深い学び」に加え、令和三年三月に文科省が提示した「個別最適な学び」と「協働的な学び」の一体的な充実という流れからも知ることができます。ここでキーワードとなる「アクティブ・ラーニング」や「主体的・対話的で深い学び」、「個別最適な学び」、「協働的な学び」といった文言は、学級集団の中での良好な関係性があってこそ進められるものです。このように、これからの学びにおいて、学級経営の充実は大切なものです。

現代社会からの要望

従来、学校は学校内部にばかり目を向けることが多く、「閉じて」いたと言えます。肯定的に解釈すれば、じっくりと時間をかけて学校でしか学べないこと、学校だからこそ身につけられることを育てようとする姿勢があったとも言えます。今でもその考え方は残っていますが、その上に新学習指導要領(4)は「社会に開かれた教育課程の実現」を打ち出しました。子どものうちから、

●社会の状況に幅広く興味を持ってほしい
●よりよい社会をつくっていく構成員として自覚的であってほしい
●社会と関わり、自身の人生を切り開いていく資質能力に気づき、育んでいってもらいたい
●学校の外に積極的に飛び出し、地域社会に関わってもらいたい

というような期待や願いがあることがわかります。これらを学校全体だけでなく、日常生活を営む学級の中でも展開していくことが求められています。

いずれも、ポジティブ心理学の考え方や技法を取り入れてウェルビーイングを目指すことで学級経営の充実につながると考えます。次に、これらの関わりを説明していきます。

なぜ「ウェルビーイング」と「学級経営」と「ポジティブ心理学」なのか

本書のタイトルは「ウェルビーイングな学級経営のためのポジティブ心理学」です。タイトルに「ウェルビーイング」「学級経営」「ポジティブ心理学」という三つのキーワードを挿入しています。それぞれ独立させても一冊の本が書けるくらいの重要なキーワードです。

ここでは第一章以後、各々の関わりや内容を深く書いていく前段として、私が学校の教室から見て捉えている「ウェルビーイング」「学級経営」「ポジティブ心理学」を書いておきます。

今の教室から見つめた学級経営

先に「学級経営の範囲」を紹介しましたが、意外なことに確固とした「学級経営の定義」というものがありません。学習指導要領や各解説、生徒指導提要を読んでみても「学級経営の充実」を求めていたり、学級経営そのものを説明せずに「学級経営の目標・方針に即して」と書いていたり、「〜について考えることも学級経営には重要である」というようにまるで学級経営の定義を共有していることを前提に書いているように読めてしまう文章ばかりです。

それでも、最近の文科省や学級経営研究から定義らしきものを拾ってみると、なんとなく見えてくるものがあります。例えば、文科省は次のようなことを述べています[5]。

学級・ホームルーム経営の内容は多岐にわたりますが、学級・ホームルーム集団としての質の高まりを目指したり、教員と児童生徒、児童生徒相互のよりよい人間関係を構築しようとしたりすることが中心的な内容と言えます。

また、最近、学級経営を研究した書籍では学級経営を次のように説明しています[6]。

文科省は「学級経営」を次のように扱っているとみなすことができる。特別活動領域をその「要」として、学習指導や生徒指導を含むさまざまな教育活動の基盤としての、児童生徒の実態、人間関係や学習環境と言った諸条件を整備することで、生活集団・学習集団としての質を高めていく営みである。

これらの共通点は、「集団の質の高まりを目指す」ということです。この「集団の質」とは一体何でしょうか。「集団の質」の捉え方は二〇〇〇年初頭までと、今そしてこれからとでは大きく変わらねばならないと私は考えています。なぜなら日本の総人口の推移が大きく変わったからです。

図2は、日本の人口の推移です。見てわかる通り、明治維新前後から二〇〇〇年初頭までの凄まじ

図2：我が国における総人口の長期的推移

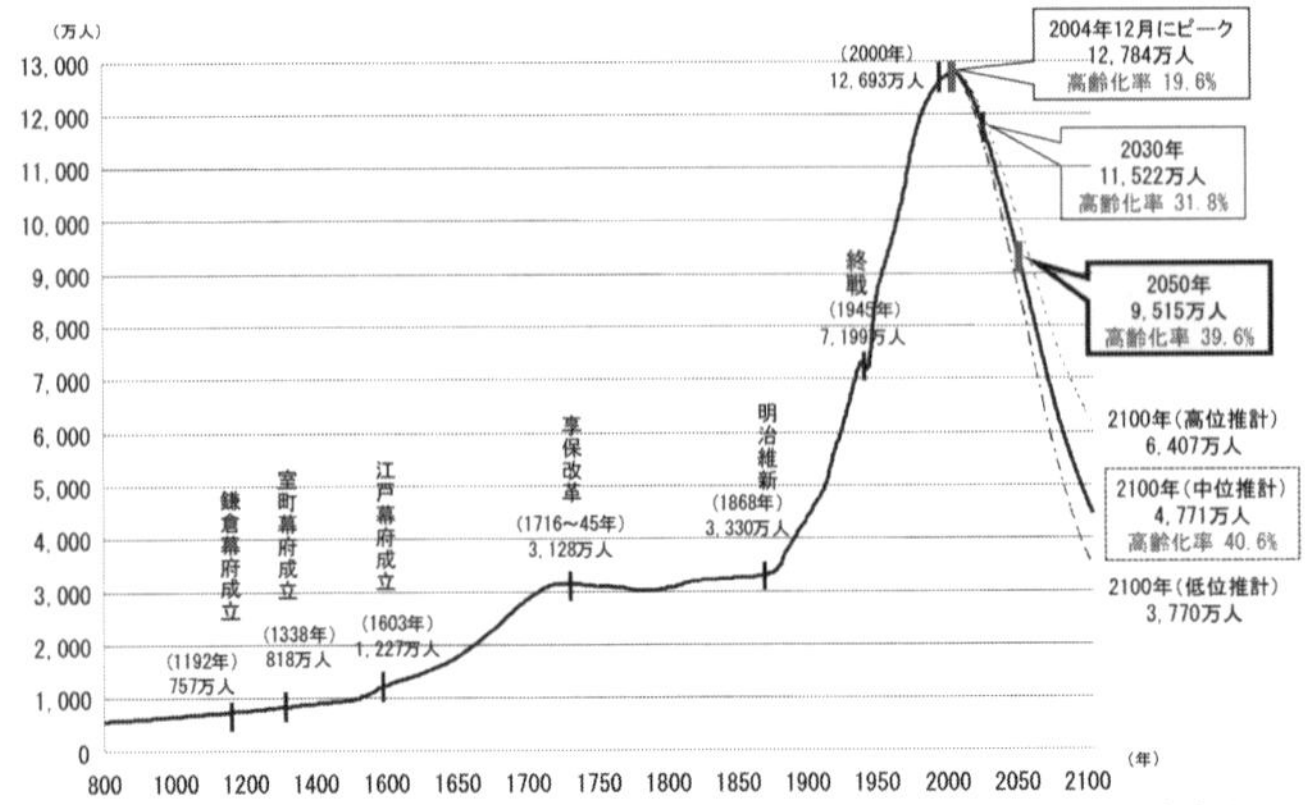

（出典）総務省「国勢調査報告」、同「人口推計年報」、同「平成12年及び17年国勢調査結果による補間推計人口」、国立社会保障・人口問題研究所「日本の将来推計人口（平成18年12月推計）」、国土庁「日本列島における人口分布の長期時系列分析」（1974年）をもとに、国土交通省国土計画局作成

出典：国土審議会政策部会長期展望委員会「国土の長期展望」中間とりまとめ概要、2011年

い人口増加と二〇〇〇年を超えてその後一〇〇年の人口減少の勢いは真逆と言っていいほどの関係です。

明治維新から二〇〇〇年初頭までの日本は、人口増加と工業化の流れに乗り、一流の学校、一流の企業を経て、経済的に豊かになること、誰もが夢見る地位につくことが「正解」であり、「豊かさ」や「幸せ」の象徴としていました。そのために、大量生産・大量消費という社会構造に合わせて、人間もある一定の規格や品質を生み出すような仕組みの一つとして教師が一斉に情報を伝達したり、注入したりする教室経営を延々と続けてきたところがあります。個と集団の関係においては、「個を滅して集団に尽くす」という「当たり前」が存在しました。今でも「同調圧力」がそこかしこに存在し、「揃える美徳」があるのはこの生き方の残存だと思っています。

しかし、今後の人口が大幅に減少する日本社会において、このような仕組みは成り立ちません。豊かさの価値の転換が求められています。お金はあることに越したことはありませんが、「お金よりも◯◯が大切！」と各個人の価値が異なってきています。唯一絶対の正解は存在せず、一人ひとりを大切にし、個々人の好き、強み、こだわりを生かした多様性を尊重する傾向が大切にされてきています。今後、個と集団の関係においては、「個を支える集団」という「当たり前」が必要となるでしょう。

この人口が大幅に減少する日本社会において、学級経営で求める「集団の質の高まり」とは何でしょう。ここにウェルビーイングが位置づけられると考えます。

今の教室から見つめたウェルビーイング

最近、皆さんもウェルビーイングという言葉をいろいろな場所で耳にするようになってきていると思います。その一番の理由は、たぶん令和五年度から九年度までの「教育振興基本計画」の中にウェルビーイングが取り入れられたからです。(7) 「教育振興基本計画」に示されると、各自治体は好むと好まざるとに関係なく、政策目標や政策そのものに取り入れなければならなくなります。

なぜ、我が国はウェルビーイングを強く推し進めようとしているのでしょうか。ここで軽くウェルビーイングの歴史的背景や意味を押さえておきましょう。ウェルビーイングが世の中に初めて登場したのは、一九四八年に発効された世界保健機関（ＷＨＯ）憲章においてだと言われています。

該当部分の英文と和訳を紹介します[8]。

HEALTH IS A STATE OF COMPLETE PHYSICAL, MENTAL AND SOCIAL WELL-BEING AND NOT MERELY THE ABSENCE OF DISEASE OR INFIRMITY.

（健康とは、完全な肉体的、精神的及び社会的福祉の状態であり、単に疾病又は病弱の存在しないことではない）

従来、健康とは単に疾病または病気になっていない状態だと思われていましたが、ここから社会的福祉など他の要素を含めたものとしてウェルビーイングが用いられ始めることになりました。後で詳しく取り上げますが、今まで「読解力、数学的リテラシー、科学的リテラシー」の測定と分析をしてきた「ＰＩＳＡ調査」を進めてきたＯＥＣＤもウェルビーイングに注目しています。どちらかと言うと認知的な部分の育成に力を入れてきたＯＥＣＤが、非認知的な部分や全人的な育成に視点を向けてきたことに注目したいです。ＯＥＣＤは次のようにウェルビーイングを定義しています[9]。

生徒が幸福で充実した人生を送るために必要な、心理的、認知的、社会的、身体的な働き（functioning）と潜在能力（capabilities）である

「充実した人生」と表現することで、ウェルビーイングを単純に「ハッピーな幸せ」「快楽的な幸せ」とは別のものであることを示しています。
ウェルビーイングの定義を整理する最後として、改めて「教育振興基本計画」で、文科省がどのように定義しているか確認しておきましょう。

身体的・精神的・社会的に良い状態にあること、短期的な幸福のみならず、生きがいや人生の意義などの将来にわたる持続的な幸福を含む概念

文科省の定義で特徴的なのは、「短期的な幸福」と「持続的な幸福」とを区別して整理していることです。ウェルビーイングは、瞬間的で快楽的なハッピーやラッキーだけではないことを示しています。

ウェルビーイングの登場をはじめ、各立場からのウェルビーイングの定義をいくつか集めてみました。これらを読んだ多くの皆さんは、なんとなくの意味や概要はわかるもののウェルビーイングの実体をつかみきれていないのではないでしょうか。それはそのはず、ウェルビーイングは実体のないものだからです。ポジティブ心理学の生みの親でアメリカ心理学会元会長のマーティン・セリ

グマンは、ウェルビーイングは「構成概念」だと説きます[10]。

セリグマンは、構成概念の例として「天気」や「自由」を挙げています。例えば、天気はそれ自体、実在するものではありません。気温、湿度、風速、気圧など、それぞれ操作できて、実在するいくつかの要素が天気に関わると言います。自由も同様です。自由も実在するものではありません。「市民がどれくらい自由だと感じているか」「出版物がどれくらいの頻度で検閲されているか」「選挙の頻度」「人口に対する国会議員の比率」「役人の汚職率」などが関係し、それらの要素を測定することで自由の全体像を得ることができると説明しています。

構成概念であるウェルビーイングに対し、各方面から構成要素が提案されています。例えば、「五つの構成要素」「SPIRE理論」「幸せの四つの因子」「PERMA理論」です。

「五つの構成要素」はアメリカで世論調査やコンサルティング業務を行うギャラップ社が定義した要素です。各国のウェルビーイングの状態を比較する際、このギャラップ社のデータを用いている場面を多く見ます。「Career well-being（キャリア形成の幸福）」「Social well-being（人間関係に対する幸福）」「Financial well-being（経済的な幸福）」「Physical well-being（身体的な幸福）」「Community well-being（コミュニティとの幸福）」からなる要素は、生活全般からウェルビーイングのデータを集めていて説得力が高く感じます。

「SPIRE理論」は、『ハーバードの人生を変える授業』の著書でも知られるポジティブ心理学者であるタル・ベン・シャハーが提唱しており、「Spiritual well-being（精神的）」「Physical well-being（心身的）」「Intellectual well-being（知性的）」「Relational well-being（人間関係的）」「Emotional well-being（感情的）」の頭文字をとったものです。この五つの well-being が実現されている状態を Whole-Being（全体性）と呼び、これを目指していくこととしています。また、この五つの well-being では、「Relational well-being（人間関係的）」が最も幸せと繋がりが強い要素であるとして重要視しています。

「幸せの四つの因子」は日本で幸福学の第一人者である前野隆司が提唱しているものです。「やってみよう（自己実現と成長の因子）」「ありがとう（つながりと感謝の因子）」「なんとかなる（前向きと楽観の因子）」「ありのままに（独立と自分らしさの因子）」という四つの因子で幸せが成り立っているとします。平易な言葉で説明しており、各人が自覚してウェルビーイングを目指そうとする場合、取り組みやすそうです。

「ＰＥＲＭＡ理論」は、先ほど紹介したマーティン・セリングマンが考案したものです。「Positive Emotion（ポジティブ感情）」「Engagement（エンゲージメント）」「Relationship（関係性）」「Meaning（意味・意義）」「Achievement（達成）」の頭文字をとったものです。

これらのどの構成要素も説得力のあるものですが、本書はポジティブ心理学の考えから生み出された「ＰＥＲＭＡ理論」を土台に、ウェルビーイングな学級経営を考えていくあり方、考え方、進め方を述べていきます。その理由を以下に示します。

「五つの構成要素」は、私たちが社会生活や日常生活を営んでいく上で他者比較や他国比較をする上ではたいへん役に立つことでしょう。しかし、学級経営を進めていく上では一人ひとりの子どもたちの背景を知る上では役立つかもしれませんが、「キャリア形成の幸福」「経済的な幸福」など教室内で実際的に活用していくには難しそうです。

「SPIRE理論」はポジティブ心理学の中から生まれたもので、生活全般を含んだ要素で、網羅的とも言えます。あえて批判的な書き方をすれば、今の生活をまんべんなく全体的に善くしていきましょうと呼びかけている感じを受けます。言わば「善き生活へのススメ」です。ウェルビーイングは「快い生き方」よりも「善き生き方」といった倫理的な側面をも強調した生き方の実現になるわけですが、包括的で網羅的なだけに、具体的に何をどうしてよいのかがわかりにくいところがあると感じます。

「幸せの四つの因子」は、四つの平易な言葉を用いて、学校や教室内で呼びかけや仕組みを進めることで、子どもたちの態度変容につながり、さらに「幸せ」につながっていくことが想像できます。教室内のポジティブな感情を増やしていくにはとてもやりやすいことでしょう。ただし、どれも主観的で感情に訴えるものです。前野隆司は「幸福学」を提唱していますが、その名の通りウェルビーイングというよりも幸せ（幸福）寄りなのだろうと感じます。もちろん、ウェルビーイングは幸せを含んだものですので、学級経営を進めていく上で積極的に取り入れて実践していくべき内容と思います。

「PERMA理論」は他と比較しますと、主観的なものもあれば客観的なものもあり、短期的幸福も含まれていれば持続的幸福も含まれており、一つ一つの要素が独立しています。学級経営は、環境整備の側面が大きく、システム（制度設計やプロセス）をどのようにするかというところが大切になります。PERMA理論という要素一つひとつの意味や成り立ちを参考にして、学級経営に関連付けていくことでウェルビーイングに向かっていけるのではないかと考えます。

なお、すでにこれらの構成要素を参考に、学校教育と結びつけた書籍があります。例えば、「SPIRE理論」と「幸せの四つの因子」を組み合わせて学校づくりに取り組んでいる中島晴美[11]、「幸せの四つの因子」を子ども向け（学校図書館や学級文庫に置きたいですね）のお話にした前野隆司ら[12]、「PERMA理論」を意識しそれらを満たすことで得られる「フラーリッシュ（持続的幸福、ウェルビーイングと同義）を目指した松尾直博ら[13]です。興味ある方は参考にしてみてください。

今の教室から見つめたポジティブ心理学

本書が土台とするポジティブ心理学と、その中心となる「PERMA理論」を紹介します。ポジティブ心理学は、その名の通り心理学の一分野です。ポジティブ心理学の歴史は浅く、公式に誕生したのは一九九八年と言われています。誕生して三〇年も経っていません。この年にアメリカ心理学会会長に就任した心理学者マーティン・セリグマンが、アメリカ心理学会総会の会長講演において、ポジティブ心理学の必要性を説いたのが始まりと言われています[14]。

「従来の心理学の研究が主に心の病理や問題に焦点を当ててきたのに対し、病を持たない人がよりウェルビーイング（持続的幸福）の高い人生の実現に焦点を当てている」[15]ところがポジティブ心理学の大きな特徴といわれています。私はセリグマンの次の文章が印象深く感じます。[16]

人は弱点を補うだけでは幸せになれない。自分自身のマイナス五の部分をマイナス三にするための方法をあれこれ考えて、日に日に悲惨な状況におちいっていくよりも、プラス二の部分をプラス七にステップアップする方法を考えたほうが、人は幸せになれる。

治療や対処という方法で、病や諸問題に対応しても最大限に成功して病や問題が起きる前にもどるだけです。そうではなくその先の、「善き人生」「ウェルビーイング」を目指していくことにも価値があることを公式の場で表明し、ポジティブ心理学を立ち上げたことを素晴らしく思います。

セリグマンは、ポジティブ心理学のテーマを次のように言います。[17]

私はかつて、ポジティブ心理学のテーマは「幸せ」だと考えていた。幸せを測定する判断基準は「人生の満足度」で、ポジティブ心理学の目標はこの人生の満足度を増大させることだと考えていた。私は今や、ポジティブ心理学のテーマは「ウェルビーイング」だと考えている。ウェルビーイングを測定する判断基準は「持続的幸福度（フラーリッシング）」で、ポジティブ心理学の目標は持続的幸福度を増大させることだと考えている。

ポジティブ心理学を立ち上げた当初は、ポジティブ感情寄りの幸福感（言わば短期的幸福）をいかに増大させるかというところに注目する様相でしたが、その後、ウェルビーイングを最も強く意識した心理学として修正していきます。

ちなみに、似た響きなので、同じ感覚で扱う方がいるようなので確認しておきますが、ポジティブ心理学とポジティブ思考は異なります。「心理学」と「思考」の違いというところで明らかですが、加えて、ポジティブ心理学は前述の通り「ウェルビーイング」に向けた学問であり、ポジティブ思考はポジティブであることそのものが目的であるというところで違います。もちろん、ポジティブ思考であることはポジティブ感情を喚起するのに大いに役立つことでしょう。ですから、重なる部分はありますがポジティブ心理学とポジティブ思考は別な方向を向いていることを念頭においてください。そして、何よりポジティブ心理学は、心理学という学問分野なので、エビデンスを蓄積しながら新しい提案をしているということも確認しておきたいことです。

ＰＥＲＭＡ理論

セリグマンがウェルビーイングの構成要素としているＰＥＲＭＡ理論を説明しましょう。前述のとおり、英語の頭文字のＰＥＲＭＡから名付けており、「Positive Emotion（ポジティブ感情）」

「Engagement（エンゲージメント）」「Relationship（関係性）」「Meaning（意味・意義）」「Achievement（達成）」の五つから成り立っています。確認しておきたいことは、このどれか一つだけでウェルビーイングを決定づけるわけではありません。いずれもが構成要素の一つなので、（天気という構成概念と同じように）構成要素の総合的な観点でウェルビーイングが成り立っていきます。次に構成要素を一つずつ説明します。ここでは、中野の記述[18]を部分的にお借りして、説明することにします。

P：ポジティブ感情

ポジティブ心理学者バーバラ・フレドリクソンは、ポジティブ感情を一〇種類に分類し、①喜び、②感謝、③安らぎ、④興味、⑤希望、⑥誇り、⑦愉快、⑧鼓舞、⑨畏敬、⑩愛としました。さらには楽しみや歓喜、恍惚感、希望、感動といった感情も加えられるかもしれません。これらのポジティブ感情が多いほど、私たちのウェルビーイングが高くなることは、容易に想像できると思います。

E：エンゲージメント・没入・没頭

ポジティブ心理学で用いた場合、「何かに熱心に参加・従事すること」「なにかに熱中して没入・没頭すること」を指します。ハンガリー出身でアメリカに帰化した心理学者ミハイ・チクセントミハイは、何かに熱中して我を忘れている状態を「フロー」と表現しました。

暇を持て余していたり、気の進まないことをやらされていたりしたら、フローを得るのは困難です。そのため、意欲を持って取り組めることに積極的に参加してフローな状態を得ることは、ウェルビーイングには欠かせない要素になります。

R：関係性

人と人との人間関係を意味します。良好な人間関係はウェルビーイングの基本中の基本になります。これは、人間の進化をたどるとよくわかります。

M：意味・意義

個人を超えた、より大きなものに意味を見出し、そこに仕える生き方を通じ、意義のある人生を全うできれば、私たちのウェルビーイングは高まります。例えば、真実や正義、公正などの価値は、個人を超えた、人間に普遍的なものです。これに意味を見出して、これらを追求する活動をすれば、自分のやっていることは有益で意義あるものだと感じられるに違いありません。この充実感がウェルビーイングを高める重要な要素になります。

A：達成

自分が立てた何らかの目標を、自らの力で達成することであり、その際に得られるポジティブ感情を指します。エンゲージメントでふれたフローを得るには、自分の能力に見合った高い目標へのチャレンジが重要になります。チャレンジした目標を達成できれば、さらにもう少し高い目標を掲げてチャレンジする。言い換えると「目標→チャレンジ→達成」の繰り返しがフローには欠かせず、その際に生じるポジティブな達成感、そこから生じる自己効力感すなわち「私にはできる」という感覚は、この繰り返しを継続するための原動力になります。

この達成の繰り返しには一次的な（あるいは一回限りの）達成とその達成が繰り返される「達成の達成」があります。セリグマンは「達成の達成」のために捧げる人生を「達成の人生」とよびました。

ＰＥＲＭＡという五つの構成要素の概要を知った上で、自分の教室の状況を頭に浮かべてみてください。ＰＥＲＭＡをもとに教室のウェルビーイングの状態を点検したり、新たに取り組めたりできそうに思いませんか。本書ではこの部分に主に力を入れて説明していきます。

ところで、ウェルビーイングを考えるのに、ＰＥＲＭＡだけでは不十分と考えている方もいます。例えば、「健康」を挙げる人がいます。確かに健康かどうかはウェルビーイングを大きく左右するでしょう。「強み」「やり抜く力（グリット）」「レジリエンス」を挙げる方もいます。これらは、ＰＥＲＭＡの個別の構成要素と強く結びついて関連しているものがあります。その都度、本書を進める中で説明を加えていきます。さらに、ポジティブ心理学の流れとは別に学級「経営」や、学級「集団」という側面や、また予防医学の方面からウェルビーイングを探る石川善樹やチームや組織の維持発展の面からウェルビーイングを探る矢野和男の考えなども取り入れて本書を構成します。

第一章からはいよいよ、ポジティブ心理学の考えから生み出された「ＰＥＲＭＡ理論」を土台にしながら、私の考えるウェルビーイングな学級経営を、あり方、考え方、進め方という形で述べていきます。

なぜ「あり方」「考え方」「進め方」「振る舞い方」なのか

一章以後を、「あり方（観）」「考え方（論）」「進め方（術）」「振る舞い方」という項目立てで進めていきます。これは以前、別の自著[19]でも採用した形式です。私は、二七年間小学校教員として勤めた後、大学の教員になりました。現場にいたときはどのように一日、一時間、一分を過ごすかてんてこ舞いだったことを覚えています。その当時、理論はすっとばしていました。とにかくなんとか済ませる、どうにか過ごすという感じで必死だったのです。大学に来てからの日常は現場とは逆に、世界では、日本では、社会は、文科省では、学問の世界ではこう考えている、こうなっているというような理屈や理論の世界に埋没しがちになります。本来であれば、「理論」と「実践」は結びついていることに意味があるはずです。

わたしが所属する教職大学院の世界では、理論と実践の往還や架橋という名前で、理論と実践をなんとかしてつなごうという掛け声と試みをしています。現場と研究のどちらにも所属経験がある私のような人間がどうにかしていくべきです。

学級経営研究の前提として、現場、つまり「学級経営」が存在しないと成立しません。ですから、現場ありきです。しかし、現場の人間は先に書いたように、「今この時」を無事に過ぎてくれればそれでよいと思いがちで、理論などを考えないでいることがあります。

うまくいくと言われている「やり方」だけを知れればそれでよい、と必死で毎日を過ごしている方がいます。これはとても悲しい話です。教師も子どもたちも「幸せ」(そして、それを包み込むウェルビーイング) になれません。なぜなら、ＰＥＲＭＡの一つである「Ｍ：意味・意義」を意識していないからです。目的があって、手段があるはずなのに、手段が目的化してしまうということです。多用な教師に多く見られます。同時に教師の指示だけで動いている学校の子どもたちにも多く見られます。

例えば、教室の無言清掃がその例になりがちです。無言清掃の目的は、清掃をするのに、無言で行ったほうが (おしゃべりを控えたほうが) 効率的に効果的に、そしてきれいに清掃できるからということのはずです。しかし、清掃後「無言でできたのでよかったです」「おしゃべりしないでできたからよかったです」という子どもたちのふり返りを聞き、実際清掃箇所を見回すと、ごみがたくさん落ちているのを発見することがあります。無言で清掃することが、きれいに清掃するよりも優位に立ってしまった証です。

これは、子どもたちの例ですが、実際、教師にもその学校の「○○マニュアル」とか、少し前に流行した「○○スタンダード」というものがあって、その通りに行うことだけを考えて取り組むと「M：意味・意義」無しの、教師として成長しないまま時間だけが過ぎていくことになりかねません。

そこで、本書は「あり方」「考え方」「進め方」「振る舞い方」という項目立てをとります。

ウェルビーイングな学級経営にはどんな「あり方（観）」や「考え方（論）」があるのか、それに基づいた「進め方（術）」というものはどういうものかと関連付けて知ることができるようにします。また、この「進め方（術）」には、こうした「あり方（観）」「考え方（論）」があってこそのものなのだなと「M：意味・意義」を見つけることができるようにします。

ちなみに、「振る舞い方」とは事例です。ウェルビーイングな学級経営に取り組んでいる教師はどのような「あり方（観）」「考え方（論）」「進め方（術）」をしているのかということを、インタビューを通して探っていきます。生の声を聞くことで、自分との違いを知り、参考になることが多々あるのではないかと考えます。

以上を通して、ポジティブ心理学を用いてウェルビーイングな学級経営に迫っていくための実践書であり、理論書であることを目指しています。

【文献】

（1）白松賢『学級経営の教科書』東洋館出版社、二〇一七年、一五頁
（2）文部科学省「生徒指導提要」二〇二二年
（3）文科省「新たな未来を築くための大学教育の質的転換に向けて～生涯学び続け、主体的に考える力を育成する大学へ～（答申）」
（4）文部科学省「小学校学習指導要領（平成二十九年告示）」
（5）文部科学省「生徒指導提要」二〇二二年、四二頁
（6）福嶋祐貴「学級経営の概念規定」田中耕治（編著）『学級経営の理論と方法』ミネルヴァ書房、二〇二三年、二三～三九頁
（7）文部科学省「新たな教育振興基本計画」https://www.mext.go.jp/content/20230615-mxt_soseisk02-100000597_02.pdf
（8）日本WHO協会「世界保健機関（WHO）憲章とは」https://japan-who.or.jp/about/who-what/charter/
（9）国立教育政策研究所「OECD生徒の学習到達度調査PISA2015年調査国際結果報告書」二〇一七年、四頁
（10）マーティン・セリグマン（著）宇野かおり（監訳）『ポジティブ心理学の挑戦』ディスカヴァー・トゥエンティワン、二〇一四年、三〇頁
（11）中島晴美『ウェルビーイングな学校をつくる』教育開発研究所、二〇二三年

(12) 前野隆司（監修）中島晴美・山田将由・岸名祐治（著）『99%の小学生は気づいていない!? ウェルビーイングの魔法』Z-KAI、二〇二三年
(13) 松尾直博・東京都八王子市立由木中学校『ポジティブ心理学を生かした中学校学級経営 フラーリッシュ理論をベースにして』明治図書出版、二〇二一年
(14) 中野明『ポジティブ心理学の教科書』アルテ、二〇二四年、一四頁
(15) 島井哲志『ポジティブ心理学』ナカニシヤ書店、二〇〇六年、五頁
(16) マーティン・セリグマン（著）小林裕子（訳）『世界でひとつだけの幸せ』アスペクト、二〇〇四年、七頁
(17) マーティン・セリグマン（著）小林裕子（訳）『世界でひとつだけの幸せ』アスペクト、二〇〇四年、二七頁
(18) 中野明『ポジティブ心理学の教科書』アルテ、二〇二四年、三三〜四一頁（部分抜粋）
(19) 阿部隆幸（編著）『『学び合い』が機能する学級経営』学事出版、二〇二一年

第一章　あり方（観）

この章では「これから求められる学級経営像」を考えていく中で大切にしたい視点をいくつかとりあげます（図3）。そして、ポジティブ心理学を活用したウェルビーイングへの具体像へと結びつけていきます。その後の「汎用性のある型」（第二章）を背景とした「実践」（第三章）につながるような、価値観を共有することを意図しています。

クラス・マネジメントの視点から

そもそも論から始めます。教育現場が当たり前に用いている「学級経営」という名称ですが、「学級」という言葉に、一般的に会社経営など、営利な分野で主に耳にする「経営」がくっついていることに、わたしたち教育関係者はまだ馴染めていないように思います。「経営」とは「お金を儲けるためにする戦略」とか「経営者が社員を（自分の都合のよいように）教育すること」のような、いかにも古めかしいイメージが、学生から社会経験を経ずにそのまま教員になってしまっている人が多

図3：学級経営に求められる大切な視点

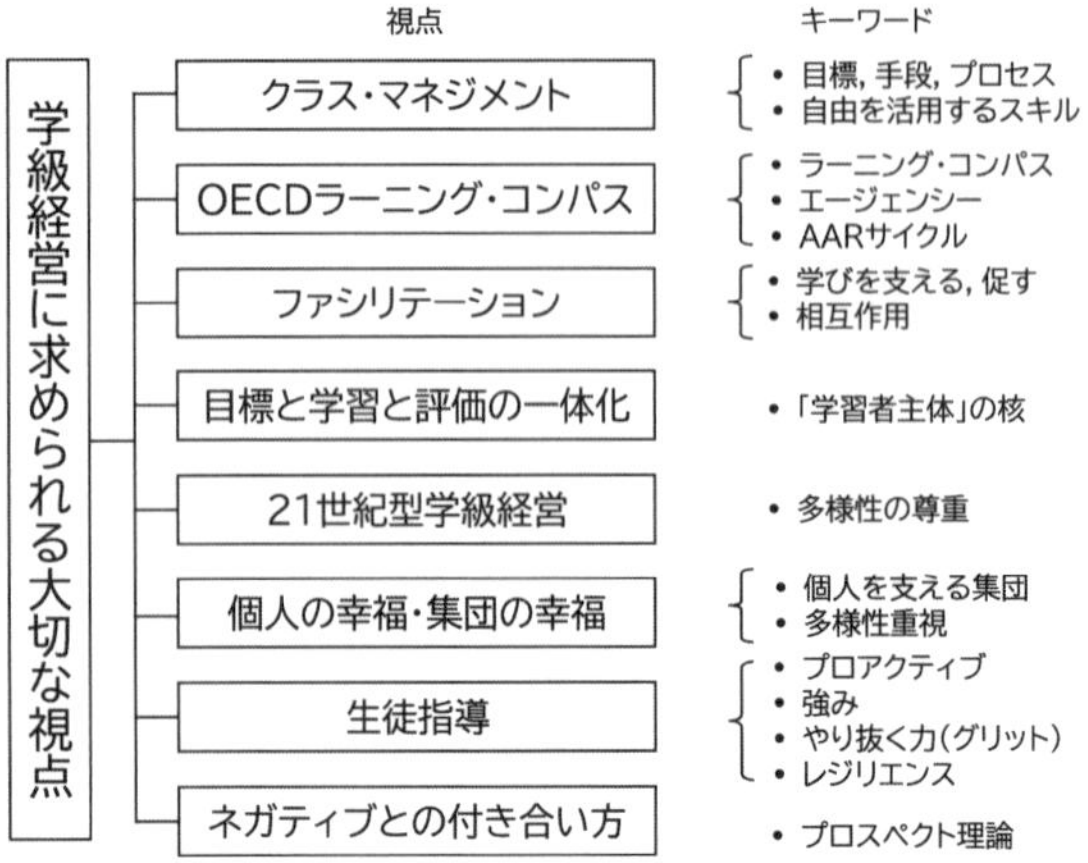

い教育界にこびりついているように感じます。

「経営」を英訳すると「Management（マネジメント）」になります。こうするだけでずいぶんイメージが変わります。岡本薫は、マネジメントを次のように説明します[1]。

●組織体や個人などの主体が、それぞれの「目標」を設定し、何らかの「手段」によってそれを達成していく「プロセス」を意味しています。

●したがって、すべての人々は、毎日の日常生活や仕事の中で、無意識のうちにマネジメントをしているのです。

●「自由を活用するスキル」「自由を使いこなす能力」であると言ってもよいでしょう。

文中の「すべての人々」が「マネジメント」をしているという意味がわかりますか。例えば、「昼食を食べる」という目標に向けて、「食べる」か「食べない」か→「自炊する」か「買って食べる」か「食べに行く」か→「ラーメン屋に行く」か「定食屋に行く」か「……」かなどとマネジメントしているわけです。「ここから他の何か」のために、何をどうするか、無意識のうちにマネジメントをしています。こう考えますと、「人生は選択の連続」であるわけですから、いたるところでマネジメントをしているように感じます。しかし、そういうわけでもありません。

「自由を活用するスキル」「自由を使いこなす能力」に含まれる「自由」という言葉に注目してみます。岡本は「人間や組織の行動」は三つの種類しかないと言います[2]。

①しなければならないこと（作為義務がある）
②自分の責任で自由に判断・決定できること
③してはならないこと（不作為義務がある）

①と③は自分にはどうすることもできません。ここにマネジメントの余地はありません。②の部分でマネジメントが可能になり、そして、必要になります。ここからわかることは、マネジメントは「判断の自由」があるが「責任」も負うということです。

改めて、学校現場に目を向けてみます。様々なものが入ってくる学校で、「しなければならないこと」「自分の責任で自由に判断・決定できること」「してはならないこと」が混在しています。これらを区別して行動すべきですが、実際は「しなければならないこと」や「してはならないこと」の場面で「ああでもないこうでもない」と主張してみたり、「自分の責任で自由に判断・決定できること」で何も言わない様子に遭遇します。実際、この考えを知らなかった私は今考えるとずいぶん無駄なことをしていたなと反省する部分が多いです。この三つの種類を意識して仕事や生活をしていくだけでずいぶんと気持ちがすっきりするでしょう。

これらを前提に、岡本は「クラス・マネジメント」を次のように、定義しています。[3]

教師が、担当する子どもたちに学習のための活動をさせること（手段）により、必要とされる知識・技能・態度などを子どもたちに身につけさせる（目標）ためのマネジメントを意味しています。つまり、進級・卒業などによって教師の手を離れた後の時点で、「個々の子どもを〈ある状態〉にする」ためのマネジメントが、クラス・マネジメントです。

気をつけることとは、ここで岡本は「学級経営」ではなく、「クラス・マネジメント」と呼び、対象はある特定の学級内を指すのではなく、「その場において教師が向き合うべき子どもたち[4]」としていることです。また、この書籍の発刊は二〇〇八年であり、資質能力などの新しい学力の三つの柱などが提示される前のものであることは確認しておきたいところです。しかしながら、マネジメントを「目標」と「手段」、そしてその「プロセス」と説明している岡本にとって、今でも大きな違いは見られないでしょう。

むしろ、ここで注目したいのは「ある状態」です。序章の人口動態のグラフのところで説明した通り、誰もが目指す正解が存在しなく、豊かさの価値が変わっていくであろうこれからの時代、ここに入る状態とはウェルビーイングだと私は考えます。学級の構成員である子どもたちと目的と手段を共有し、そこに向かっていくプロセスを楽しんでいくことで学級生活が充実したものになり、ウェルビーイングが実現していくのです。これは、ＰＥＲＭＡの「Ａ：達成」を見据えることになり、「(ある状態である）ウェルビーイングを達成する」ことと「(ウェルビーイングを構成する要素の一つである）達成を見据える」ことの二重でウェルビーイングに関わっているといえます。

ＯＥＣＤラーニング・コンパス（学びの羅針盤）２０３０の視点から

学級経営の向かう先はウェルビーイングであるという考えは、私の個人的見解ではありません。例えば最近のＯＥＣＤの動向を見てみましょう。ＰＩＳＡの学力調査の結果といえば、毎回日本でも大きく注目されます。そのＯＥＣＤが「ＯＥＣＤラーニング・コンパス（学びの羅針盤）２０３０」（以下、ラーニング・コンパス２０３０）を発表しています。[5] ＯＥＣＤは、二〇一五年に「OECD Future of Education and Skills 2030 project（教育とスキルの未来 2030 プロジェクト）」を立ち上げて、複雑で予測が困難な二〇三〇年の世界を生き抜くために、子どもたちに必要な力は何で、それをどのように育成するのかを検討しています。そこで、提案されたものが「ラーニング・

図4：ラーニング・コンパス2030

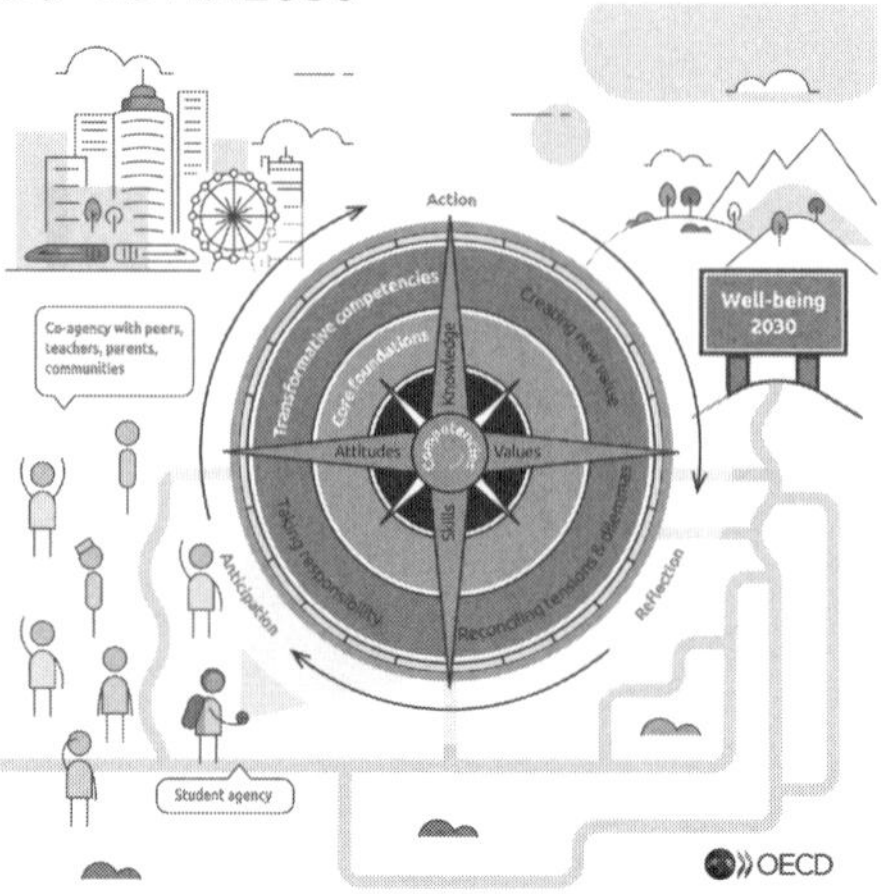

出典：The OECD Learning Compass 2030（https://www.oecd.org/en/data/tools/oecd-learning-compass-2030.html）

コンパス２０３０」（図４）です。ここでは、私たちの望む未来（Future We Want）として、個人のウェルビーイングと集団のウェルビーイングに向けた方向性を示しています。

ＯＥＣＤはこのウェルビーイングをどのようにして達成しようと考えているのでしょうか。ここでは三つ取り上げます。「ラーニング・コンパス」「エージェンシー」「ＡＡＲサイクル」です。

ラーニング・コンパス

「ラーニング・コンパス」は比喩です。「指示棒」とか「道路標識」のような例えではなく「コンパス」という名称を使ったことに意味があります。子どもたちが教師の決まり切った指示や指導をそのまま受け入れるのではなく、未知の環境を自力で歩みを進めることの必要性を強調しています。教師にも子どもたちにも「子ども主体」の覚悟を持つとともに心構えを説いているとも言えるでしょう。コンパスですから、ただ単に子どもたちを荒野に放り投げるわけではなく、方向性や希望を指し示す役割を持っていることを忘れてはいけません。

ラーニング・コンパスの構成要素には、中核的な基盤（エージェンシーと変革を起こすコンピテンシーを育む土台となる主な力）、知識、スキル、態度と価値、より良い未来の創造に向けた変革を起こすコンピテンシー、そして見通し（Anticipation）、行動（Action）、振り返り（Reflection）のＡＡＲサイクルが含まれます。

エージェンシー

「エージェンシー」は、ラーニング・コンパスの構成要素の中核的な基盤の一つとして取り上げられています。あまり日本では聞き慣れない言葉です。ＯＥＣＤ（二〇一八年）では「社会参画を通じて人々や物事、環境が、より良いものとなるように影響を与えるという責任感を持っていることを含意する」としています。新学習指導要領で示されている主体性に近い概念と言われています。自分自身に焦点が当てられがちな主体性にもう少し社会的な関わりを意識したものと言う事ができるでしょう。このエージェンシーという言葉からも、学びというものは指導や評価ではなく、共に構築する営みであるというメッセージを受け取ることができます。

主体性が発揮できる場を整えてもらうことや発揮できるようなスキルを身につけていくことはウェルビーイングに向けてとても大切です。ＰＥＲＭＡの要素として「Ｅ：エンゲージメント」があります。エンゲージメントを説明する時によく用いられる言葉に「フロー」があります。「フロー」は、人が「一つの活動に深く没入しているので他の何ものも問題とならなくなる状態、その経験それ事態が非常に楽しいので、純粋にそれをするということのために多くの時間や労力を費やすような状態[6]」を指します。夢中に取り組んでいて（過ごしていて）、一時間がまるで、一瞬のように感じた経験は誰もがお持ちでしょう。あれがフローです。フロー研究の第一人者であるミハイ・チクセントミハイは、様々な人への取材や調査を通して、次の三つの条件が揃ったとき、フローを体験する可能性が高くなることを発見します[7]。

- ●目標が明確である
- ●迅速なフィードバックがある
- ●スキル（技能）とチャレンジ（挑戦）のバランスがとれたぎりぎりのところで活動している

これが、もともと備わっているものがあります。ゲームです。特にコンピュータ・ゲーム、アーケード・ゲームなどは積極的に取り入れています。「ゲームの四要素[8]」というものがあります。

- ●ゴール
- ●ルール
- ●フィードバックシステム
- ●自発的な参加

「目的が明確→ゴール」「迅速なフィードバック→フィードバックシステム」「スキル（技能）とチャ

レンジ（挑戦）のバランス→ルール」とうまく重なっています。「自発的な参加」は主体性とつながります。好きなもの、得意なもの、取り組みたいものは、主体的、自発的になりやすいですし「フロー」に入りやすくなるであろうことは容易に想像できます。

ゲーミフィケーションという言葉があります。(9)

ゲーミフィケーションはゲームの考え方やデザイン・メカニクスなどの要素を、ゲーム以外の社会的な活動やサービスに利用するものとして定義される。

例えばもともとゲームとは関係のない「歩く」ことをゲーム化した「万歩計」などがそれにあたります。各ショップがポイントカードを発行して積極的に買い物に参加してもらおうとしていることもそうです。これらは、意図的にフローの状態に私たちを導き、エンゲージメント（熱中）させて、幸福感を導こうとしていると考えることができます。

予防医学者の石川善樹はウェルビーイングに影響を与える最大要因を「適切な数の選択肢があってその中から自己決定できるかどうか(10)」だと述べています。私は主体性の発揮を平易に表現すれば「自己選択、自己決定すること、できること」と考えていますが、それに一致します。「主体性≒エージェンシー」が発揮できることも、ウェルビーイングへ向かっていくことになりそうです。また、第二章、第三章で詳述しますが、私の考えるウェルビーイングの方向性にはこの主体性がとても大きな位置を占めています。

ＡＡＲサイクル

「ＡＡＲサイクル」は「学習者が継続的に自らの思考を改善し、集団のウェルビーイングに向かって意図的に、また責任を持って行動するための反復的な学習プロセス」のことです。見通し（Anticipation）、行動（Action）、振り返り（Reflection）の頭文字をとっています。これらは「ラーニング・コンパス２０３０」が目指す個人や集団のエージェンシー（≒主体性）を発揮して「子ども主体」の学びができるようなプロセスの提示です。第二章で詳述するファシリテーションを用いた「学びのモデル」と重なります。その時にまた詳述します。

ファシリテーションの視点から

ウェルビーイングを目指す「ラーニング・コンパス２０３０」の肝は「学習者主体の学び」へいざなっているところです。教師の立場から見れば、「教え導く」役割から「学びを支える、促す」役割への変化が求められていると言えます。つまり、ファシリテーションの考え方や技術の習得の必要性が求められているわけです。日本で「主体的・対話的で深い学び」や「個別最適な学び、協働的な学び」への移行を促している文部科学省もファシリテーションの重要性を強調し始めています[11]。

教師に求められる資質・能力は、これまでの答申等（中央教育審議会答申「これからの学校教育を担う教員の資質能力の向上について」（平成二七（二〇一五）年一二月二一日）等）においても繰り返し提言されてきたところであり、例えば、使命感や責任感、教育的愛情、教科や教職に関する専門的知識、実践的指導力、総合的人間力、コミュニケーション能力、ファシリテーション能力などが挙げられている。

この時「教師に求められる資質・能力」の例の一つとして「ファシリテーション能力」を文科省が初めて公的に取り上げました。文科省はファシリテーションを次のように説明しています[12]。

ファシリテーションとは、集団が持つ知的相互作用を促進する働き。人が本来もっていた力を引き出し、相互にかけ合わせることで増幅し、集団の力を最大限に高めていく。

相互作用は、プラスにもマイナスにも働く。プラス効果を高めるように促しつつ、マイナス効果を抑え込んでいくことが、ファシリテーターの役割

「相互作用」は一般的に耳にしない言葉です。相互作用の多くはコミュニケーションと重なると思ってよいと思います。学校教育においては、話し合いの場面が想起できます。三田地は話し合い

を構成する要素を次の三つに分けています。(13)

●コンテンツ（話し合っているテーマ・内容）
●プロセス（話し合いの持ち方）
●ストラクチャー（参加メンバー・役割など）

その中で、ファシリテーションを行う者の視点を「〈プロセス〉つまりそこで何が起こっていたのか、と〈ストラクチャー〉誰が参加しているのかに着目し、〈コンテンツ〉話し合っている内容そのものに対しては中立な立場をとるということになります」と述べています。従来の教師は、正しい「コンテンツ」（これは、教科教育での授業内容や学校生活上の価値など、子どもたちの学校教育上全てを含みます）を子どもたちに教え与えるということを信条としてきました。今、この教え与えるという学校の役割や価値観が変わってきています。もちろん、学校という性質上、コンテンツの全てを学習者である子どもたちに任せるわけにはいかないでしょう。そこには若干の介入はあって当然です。その上で、計画的にコンテンツの多くの部分を子どもたちに任せて、プロセスやストラクチャーの部分に関わっていく姿勢をとることで子どもたちの主体性を育み、ファシリテーターとしての教師に変容していくことができます。これは、「目標」と「手段」、そしてその「プロセス」であるウェルビーイングを目指すクラス・マネジメントを効果的に進めていくことにもつながるでしょう。また、エージェンシーを育てながらＡＡＲサイクルを動かしてウェルビーイングに向かおうとするラーニング・コンパス２０３０の実現にも役立ちます。

ここでもう一つ、ウェルビーイングに向かっていくときに大切な「エージェンシー≒主体性」を育む仕組みとも言うべき「目標と学習と評価の一体化」という考えを紹介します。

「目標と学習と評価の一体化」の視点から

「目標と学習と評価の一体化」という考えは、西川純を中心に考案された『学び合い』[14]という授業観をもとに展開する授業をより質の高いものにするために、水落芳明が提案した授業デザイン[15]です。『学び合い』は二〇〇〇年前後に全国に広がりだした言わばアクティブ・ラーニングの考え方であり、進め方です。アクティブ・ラーニングという文言から分かる通り、そこには、子どもたち同士の関わり（言わば、ＰＥＲＭＡの「Ｒ：関係性」）を通して学ぶ仕組みがあります。相互に刺激し、影響し合うことで、子どもたちにとっては学ぶことへの強いモチベーションになります。しかし同時に、従来から「活動主義批判」としてよく言われている「這い回る経験主義」「活動あって学び無し」になる恐れがあります。質の高い『学び合い』を担保するために、『学び合い』の骨子として提案されたのが「目標と学習と評価の一体化」です。後述しますが、ここにはＰＥＲＭＡ理論の「Ｅ：エンゲージメント」「Ｍ：意味・意義」「Ａ：達成」が組み込まれています。

「目標と学習と評価の一体化」とは、「誤解を恐れずに簡単な言葉で説明すれば、目標や評価の仕方、学習の進め方など、教師が事前に考えている授業に関するすべてのことを〈先出しじゃんけん〉のように、すべて学習者に事前に知らせる[16]」ことです。もう少し、しっかりした説明をすると次のようになります[17]。

先生と子どもたちが目標を共有し、その目標に基づいた評価をフィードバックし合いながら、それぞれが最善と考える方法で学習していく学習デザイン

この学習デザインの有効性は、水落芳明が明らかにしています[18]。具体的には、「小学校六年理科の学習において、教師が評価の時期と基準を明示し、言語情報と形態情報によって学習者全員の実験計画等に関する理解を評価する実践研究を行った」結果、「それぞれの評価活動におけるフィードバックによって、学習が進展し、確かな理解へと結びついていることが明らか」になるとともに「教師評価の時期と基準を明示し学習者全員の評価を目指す学習は、学習者にとってわかりやすい学習法であることが明らかになった」ということです。

この授業デザインは、学習者主体（学習者を主語とした）の授業を模索する中で考えついたものです。その経緯を説明します。

「指導と評価の一体化」という言葉はよく耳にします。文科省のＷＥＢ[19]でも掲載されています。これは、指導と評価は別物ではないということ、評価の結果によって後の指導を改善すること、さ

らに新しい指導の成果を再評価し評価を充実させるという意味です。至極納得できる説明ですが、この場合の主語、つまり「指導する」「評価する」のは誰になるでしょうか。先生です。そこで、子どもたちを主体者、つまり主語にしたらどのような言葉に変換されるでしょうか。「指導する」は「学習する」になります。ここから「学習と評価の一体化」という言葉が成立します。しかし、これだけでは子どもたち同士の「R：関係性」によって夢中で取り組む「E：エンゲージメント」が生じるかもしれませんが、「友だちと楽しく活動できた」だけで終わってしまい、先述のように「這い回る活動主義」「活動あって学び無し」になる可能性があります。つまり、学習や活動そのものが目的化する可能性があります。「級友と共に活動してとても楽しい授業だった、とても熱中できた」はウェルビーイングへの方向性の一つですが、その上に「M：意味・意義」や「A：達成」などが必要です。授業や生活指導への目標が必要になります。ゆえに「目標と学習と評価の一体化」という考えにたどり着きます。なお、「指導と評価の一体化」と「目標と学習と評価の一体化」の双方に「評価」という文言が入りますが、主体が教師の場合「教師が（子どもたちを）評価する」となり、主体が子どもたちにした場合「子どもたちが（自分たちを）評価する」となります。評価そのものの意味が大きく変わります。この違いに関しては第二章の「学びのモデル」の説明時に具体的に説明します。

学習者主体の学びの仕組みを模索する中で生まれた「目標と学習と評価の一体化」ですが、説明をしていく中で、ＰＥＲＭＡ理論のＰを除いた「Ｅ：エンゲージメント」「Ｒ：関係性」「Ｍ：意味・

意義」「A：達成」が関わっていることを知っておいてください。第二章で汎用的な型として示す「学びのモデル」は「目標と学習と評価の一体化」を発展させたものです。だからこそポジティブ心理学の考えを生かしてウェルビーイングな学級経営をめざしていると一本筋の通った主張が言えるのだと理解してもらえるでしょう。

二十一世紀型学級経営の視点から

VUCAな時代を迎えて人々の価値観が多様化する社会が予想される日本において、学級経営でウェルビーイングを目指していくことが求められていると序章に書きました。「目的・ミッション」がウェルビーイングだと考えると、直近の目標にあたるのが「多様性を尊重するコミュニティとしての学級」と考えることができます。白松賢は次のように二十一世紀型学級経営を提唱しています。[20]

学校生活に不利な立場にいる（学校において期待される文化とは異なる文化を有する）児童生徒が、文化的な境界を超えて、安心して学校生活を送れるように配慮されている学級

この背景として、白松は「変化の激しい社会、グローバル化する社会では、文化的な寛容さを持ち、人々の多様性を尊重しながら、矯正していくことが求められます[21]」と述べています。同調圧力

を発揮することなく、個々人のウェルビーイングを目指すことを応援する学級経営が前提だということです。この時、「ＤＥ＆Ｉ」の考えが役立ちます。ＤＥ＆Ｉとは、Diversity（ダイバーシティー：多様性）・Equity（エクイティー：公平性／公正性）・Inclusion（インクルージョン：包摂性／受容性）の頭文字を取った言葉で市民性やグローバルな視点を持った企業や組織、集団で用いられる考え方です。従来の学校や学級は「集団の維持や安定」を尊重するあまり、平等性（Equality）を大切にする組織・集団でした。「下足置き場の靴の入れ方を同じようにする」「ペンケースにいれる筆記用具の種類や本数を同じにする」など数え上げればきりがありません。もちろん、不平等よりはましでしょうが、多様な個人から見れば窮屈です。Equityとは、一人ひとりの固有のニーズに合わせてツールや環境を調整して、誰もが参加できる状態に配慮することです。多様性に対応し、インクルーシブな社会を実現していくためには当然の感覚です。しかし、公平よりも平等が優先される社会では、Equityの状態がたいへん不平等で、不公平のような感覚になります。言わば、不寛容な社会（集団）です。例えば、正規の手続きで生活保護を受けているにもかかわらず「あの家庭はずるい」と声を出して責めるような感じです。「World Happiness Report 2024」(22)において、「寛容さスコア」とされるGenerosityの日本のスコアは、一二九カ国中一二二位です。不寛容の国と見られても仕方ありません。「個を滅して集団に尽くす」のではなく「個を支える集団」にしていくことが二十一世紀型学級経営とも言えます。

個人の幸福と集団の幸福の視点から

「学級」を「経営」するのが「学級経営」ですので、基本的な機能としては「学級」という集団に働きかけることになります。ゆえに集団を対象とすることが多いファシリテーションとも相性がよいのです。しかし、当たり前ですが、学校が、そして教師が望むことは子どもたち一人ひとりの成長であり、突き詰めれば個人のウェルビーイングになります。クラス・マネジメントを説く岡本は、目標と手段の重層構造について説明します。Aという大目標を達成するための手段としてBがあり、Bを達成するためには（ここでBが手段から目標に変わっている）Cという手段がある……ということです。これを前提に、岡本は「クラス・マネジメント」と「学級経営」の関係を次のように説きます[23]。

「クラス・マネジメント」＝「上位のマネジメント」、「学級経営」＝「下位のマネジメント」という関係になっているのです。別の言い方をすれば、「クラスを〈ある状態〉にする」という「学級経営」の「目標」（小目標）は、「子どもを〈ある状態〉する」という「クラス・マネジメント」においては「手段」にすぎません。

各地の学級を見学すると、時々「子ども一人ひとり」よりも「学級集団維持」を大切にしているように見えてしまう学級を目にします。日本は同調圧力が強く、まだまだ集団主義的な志向が色濃く残っていると言われます。岡本の説く「クラス・マネジメント」と「学級経営」の関係を意識して、この「集団のための個人」ではなく「個人のための集団」であるということをいつでも強く意識しておきたいものです。

その上で「社会的な生き物」である人間として、「学級経営」という集団へのアプローチを大切にしながら個を育てていくという視点を考えてみましょう。「社会的な生き物」の例として、人間ではなく鶏で恐縮ですが、セリグマンは興味深い事例を紹介しています(24)。

卵の生産量を最大にするためには、雌鶏をどのように選べばよいだろうか？ 利己的な遺伝子にしたがえば、農場主は一世代で最も多くの卵を産出する雌鶏を個別に選び、それら雌鶏を育て、数世代まで同様の方法でやることになるのだろう。六世代目では、農場主は今までにも増して大量の卵の生産に恵まれることになるはずだが、はたして本当にそうなるだろうか？

いや、そうはならないのだ！（中略）

雌鶏は社会的な生き物であり、群れで生活している。ここで群選択にしたがって、卵の生産を最大にするための違うやり方を掲示してみよう。それぞれの後に続く世代で、最も多くの卵を産出する群れ全体を育てること。この方法だと、卵の生産量は本当に多くなる。

優秀だという個だけを選んで育てたとしても望む結果（この場合、大量の卵の生産）にはならず、群れ全体を大切にする方が望ましい結果に結びつくということです。この例と学級経営がどのように結びつくかといいますと、「一人ひとり」の成長を願って、「一人ひとり」をどうにかしようとしてもその達成は難しく、「一人ひとり」の成長を願って、「集団のよりよい発展」に取り組むことで、結果「一人ひとり」の成長に結びつくことがいえるということです。

「学級」という集団内の一人ひとりのウェルビーイングを願って、直接一人ひとりに対応しなければならないことがあるでしょう。一方で、人間は「社会的な生き物」である特性を生かして集団のウェルビーイングを高める働きかけをしていけば、個人のウェルビーイングも高めることができるともいえます。これは「学級経営」という考え方からすれば大切な視点です。組織経営の研究で矢野和男は興味深い提案をしています。矢野は数多くの企業の協力を得て、質問紙調査やウェアブル端末からデータ収集と解析を行った結果、「幸せな組織の普遍的な四つの特徴」というものを導いています。この四つの特徴とは以下の通りです。(25)

フラット（Flat）＝均等　人と人のつながりが特定の人に偏らず均等である
インプロバイズド（Improvised）＝即興的　五分から十分の短い会話が高頻度で行われている
ノンバーバル（Non-verbal）＝非言語的　会話中に身体が同調してよく動く
イコール（Equal）＝平等　発言権が平等である

英語の頭文字をとって「ＦＩＮＥな関係」と呼んでいます。組織の中での一場面としては次のような感じをイメージするとよいようです[26]。

人と人とのつながりがフラットで特定の人に偏らず（フラット：均等）、気がついたときや必要なときにすぐに短い会話が開始でき（インプロバイズド：即興的）、会話中に身体が同調してよく動き（ノンバーバル：非言語的）、会議での発言権が平等に与えられる（イコール：平等）。これらはいずれも、共感や信頼を身体で表したものだ。人とのよい関係に感謝する意味を込めてこれを「FINE thanks（いいね、ありがとう）」と呼びたい。

これら四つの特徴は独立ではなく互いに関連しているが、この中で最も基本的なものは「会話中の身体の動き（ノンバーバル）」だといいます。会話中に身体を相手に同調させて動かすことで相手が元気に明るくなるというのです。

フラットやイコールの部分のように学級担任として環境設定として意識できるところもあれば、インプロバイズドやノンバーバルは「集団の関係性が良くなるらしいよ」などとその都度意識して子どもたちに促すことができるでしょう。「幸せな組織（ＦＩＮＥな関係）」を意識して「学級経営」を進めることも、個々人のウェルビーイングに向かっていく一つのあり方になるでしょう。

生徒指導の視点から

第一章の締めくくりに生徒指導の視点からポジティブ心理学を用いたウェルビーイングな学級経営のあり方について考えておきましょう。

学校関係者では日常的に「生徒指導」という言葉が交わされていますが、改めて生徒指導の定義を確認します[27]。

生徒指導とは、児童生徒が、社会の中で自分らしく生きることができる存在へと、自発的・主体的に成長や発達する過程を支える教育活動のことである。なお、生徒指導上の課題に対応するために、必要に応じて指導や援助を行う。

「生徒指導上問題が生じた」とか「生徒指導案件」などという会話が行き交うことから「生徒指導」とは問題行動や児童生徒が事件を起こしたり、巻き込まれた時の対応や対処のことだったりと理解している方がいるようですが、定義を読むとずいぶんと断片的な理解だということに気づくでしょう。確かに「自発的・主体的に成長や発達する過程を支える教育活動」の中に、生じてしまった問題や課題に対応するという多くの方がイメージする言わば「受動的な」生徒指導が含まれます。しかし、これは生徒指導の役割の一部に過ぎません。「自発的・主体的に成長や発達する過程を支える教育活動」として「積極的な」生徒指導が存在するわけです。

生徒指導提要では、生徒指導を「児童生徒の課題への対応を時間軸や対象、課題性の高低という観点から類別することで、構造化することができます」として、二軸三類四層構造[28]という考え方を提案しています（図5、図6）。

学校関係者であれば、これら全てに軽重なく対応していくべきですが、本書の「学級経営」という視点から「二軸三類四層構造」を見ていきます。生徒指導提要の「二・一・三　学級・ホームルーム経営と生徒指導」の一説に次のような文章があります[29]。

学級・ホームルーム経営は、年度当初の出会いから始まる生活づくりを通して、学級・ホームルーム集団を、共に認め・励まし合い・支え合う集団にしていくことを目指します。これは、児童生徒の居場所をつくり、失敗や間違いを通して皆で考え、支え合い、創造する集団、つまり、生徒指導の実践集団を育てることでもあります。その際に、児童生徒の発達を支えるという視点が重要になります。なぜなら、児童生徒は、それぞれが直面する課題を解決することによって自己実現し、自己指導能力を育んでいくからです。学級・ホームルーム経営で行う生徒指導は、発達支持的生徒指導と課題未然防止教育を実践することに他なりません。

「二軸三類四層構造」の「発達支持的生徒指導」と「課題未然防止教育」は「学級経営」の実践と重なるということです。「図5」「図6」を参照すると「常態的・先行的（プロアクティブ）」と

図5：生徒指導の分類

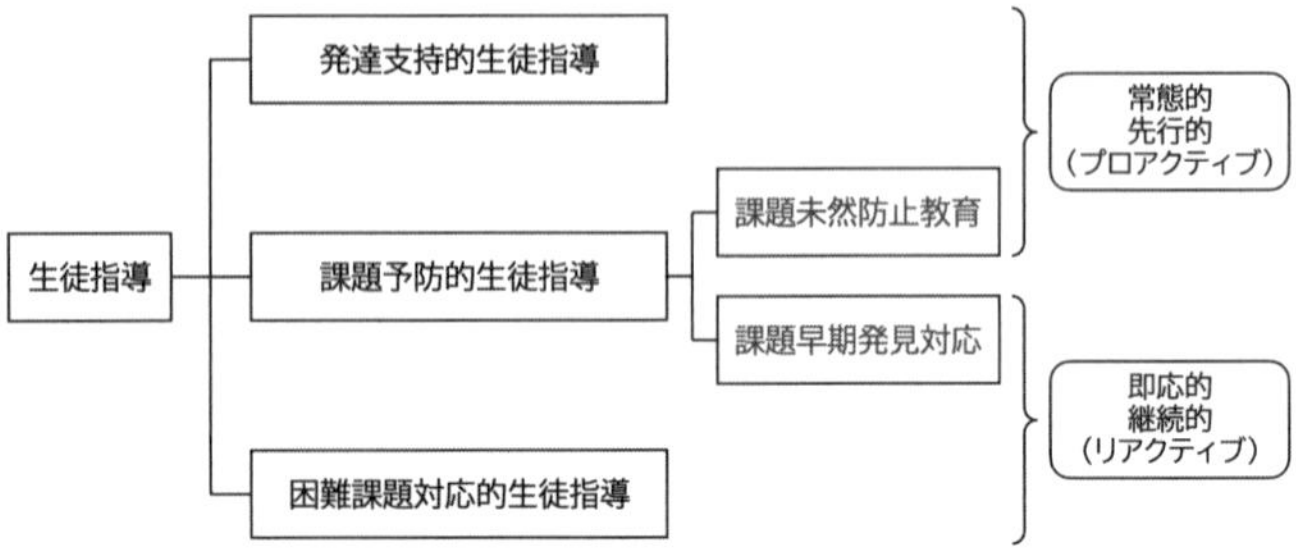

出典：文部科学省「生徒指導提要」2022年、p17

図6：生徒指導の重層的支援構造

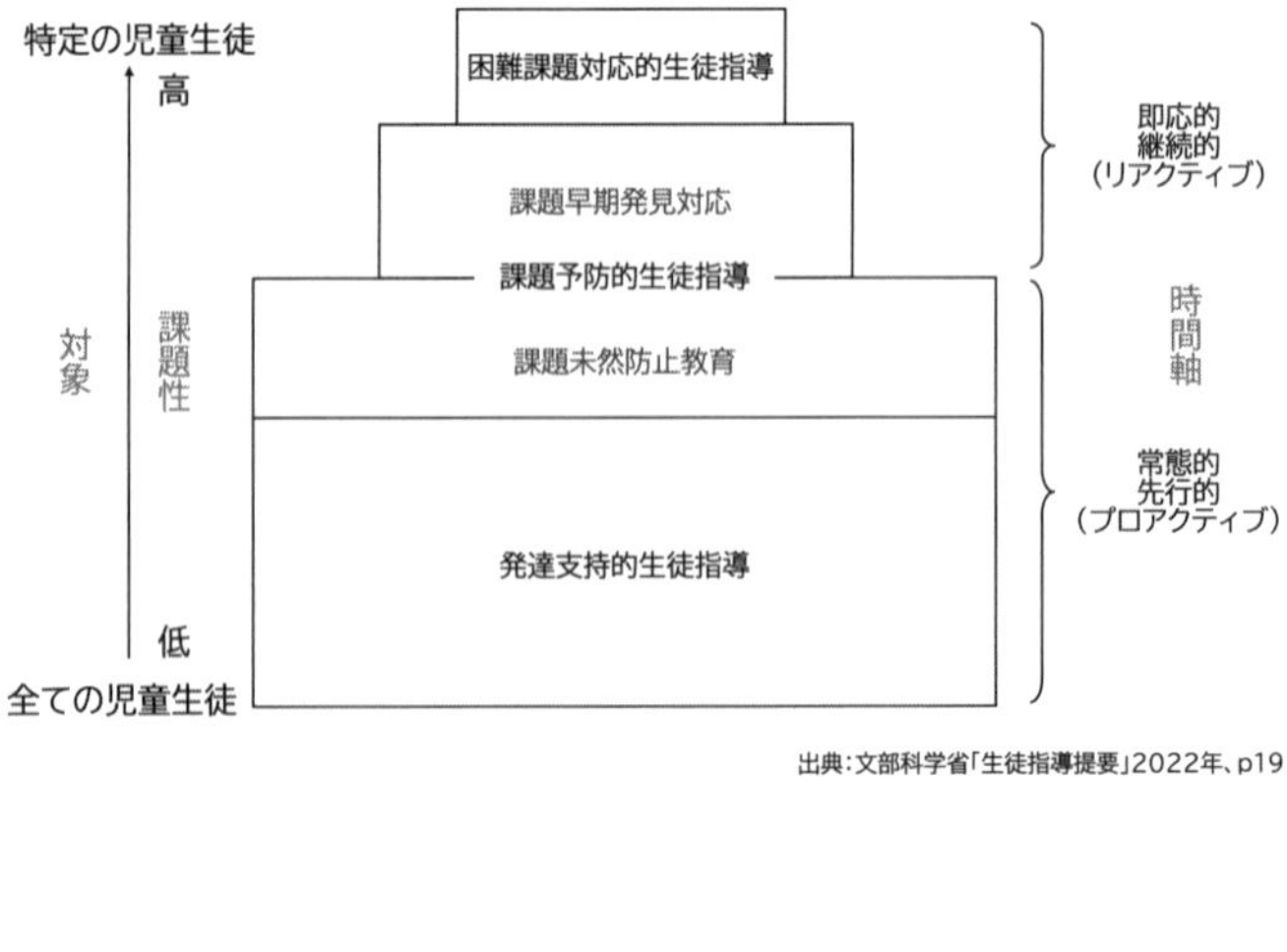

出典：文部科学省「生徒指導提要」2022年、p19

も重なります。「発達支持的生徒指導」とは次のような意味です。[30]

発達支持的生徒指導は、特定の課題を意識することなく、全ての児童生徒を対象に、学校の教育目標の実現に向けて、教育課程内外の全ての教育活動において進められる生徒指導の基盤となるものです。発達支持的というのは、児童生徒に向き合う際の基本的な立ち位置を示しています。すなわち、あくまでも児童生徒が自発的・主体的に自らを発達させていくことが尊重され、その発達の過程を学校や教職員がいかに支えていくかという視点に立っています。すなわち、教職員は、児童生徒の「個性の発見とよさや可能性の伸長と社会的資質・能力の発達を支える」ように働きかけます。

もちろん、学級では集団への対応や働きかけだけでなく、個人に向けての対応や働きかけも生じますが、生徒指導の中で学級経営が求められている大きな役割はこの部分であると意識しておいて間違いないでしょう。これは私が先述した、問題が生じてしまってから対応する「受動的な」生徒指導ではなく、そうならないように展開する「積極的な」生徒指導と重なります。

この生徒指導と学級経営に関する一連の流れで、皆さんはポジティブ心理学を想起しませんでしたか。私は「序章」の「今の教室から見つめたポジティブ心理学」において、ポジティブ心理学の大きな特徴は「従来の心理学の研究が主に心の病理や問題に焦点を当ててきたのに対し、病を持たない人がよりウェルビーイング（持続的幸福）の高い人生の実現に焦点を当てている」ところだと説明しました。学校生活に問題が生じてしまっている児童生徒に対してどうにか回復してもらうように対応するのは、（従来の心理学のように）当たり前に必要です。同時に、（今現在顕在的に問題を生じていない子どもたちに）ポジティブ心理学の考え方を用いてウェルビーイングな学校生活を過ごせるように焦点を当てていくことが必要なのではないでしょうか。そのために「ＰＥＲＭＡ理論」を紹介して、第二章（考え方）や第三章（進め方）へと具体的に提案しようとしているわけですが、ここでは今まで詳しく取り上げてこなかった「強み」「やり抜く力（グリット）」「レジリエンス」を生徒指導と絡めて説明します。

強み

発達支持的生徒指導の説明に「教職員は、児童生徒の〈個性の発見とよさや可能性の伸長と社会的資質・能力の発達を支える〉ように働きかけます」という表現がありましたが、実際のところ成功している感じがしません。

松尾直博は「ＯＥＣＤ生徒の学習到達度調査二〇一八年調査（PISA2018）のポイント[31]」での「中学生が先生からのフィードバックを受けている認識が低い」ことを根拠に、次のことを述べています。[32]

日本の中学校は、非行少年が多かった時代、学級崩壊が多かった時代のイメージが強すぎ、生徒を悪い方向に向かわせないために厳しい指導をしなければという思いが強すぎるところがあるのかもしれません。もちろん、学校を生徒にとって安心・安全を感じられる場所にするために学校に規律は必要です。しかし、必要以上に厳しい態度で教職員が生徒と向き合うことは、生徒を萎縮させ、自律性を奪い、幸福度を下げることにつながるかもしれません。悪い芽をつむことばかりに注力せずに、よい芽を伸ばす（強みを育てる）ことに注力するという発想が、今まで以上に必要だと思います。

これは、「発達支持的生徒指導」の場面（つまり、学級経営）において、児童生徒の「個性の発見とよさや可能性の伸長と社会的資質・能力の発達を支える」ことをしていないという指摘だと受け止めました。「個性の発見とよさや可能性の伸長と社会的資質・能力」とはポジティブ心理学でいう「強み」につながるものです。

中野は「強み」を「自己認識」や「自尊心」、「尊敬の念」と関係づけながら次のように説明しています[33]。

私たちにとって自分の「強み」とは、自分を自分らしくするために欠かせないスキルや能力を指します。強みを強化し、それを用いて社会に貢献すれば、人は他人から差別化された確固たる人物として成長していきます。自己認識とは、自分の強みを理解し、他人にはないその強みをいかに社会に役立てているかを自覚することです。それは他人から差別化された自分自身が、社会に対してなせること、なしていることへの理解です。これにより人には自分に対する自信、すなわち自尊心が芽生えてきます。

同様の強みは私たちの周囲の人も持っています。他人の強みを観察してみましょう。彼らは私とは違う、また別の意味で差別化された強みを用いて社会に貢献しています。そんな姿を認めた時、相手に対する尊敬の念が生じてくるのではないでしょうか。

「強み」とは、自分の長所であり、社会的にも価値あるものと認められているものです。強みを強化することで、自己認識をし、自尊心が芽生えると共に、他者への尊敬の念（リスペクトという気持ち）も生じます。これらは従来の日本の学校では松尾が言うように上手に育めない状況が見られたのですが、ポジティブ心理学の側面から見た「発達支持的生徒指導」としてとても大切です。中野は「強み」は次のようにＰＥＲＭＡ全体と関連し、ウェルビーイングの向上につながると言います(34)。

人は強みを活かすことで、物事に「Ｅ：没入」し、大きな「Ａ：達成」を手にします。また、達成した成果から「Ｍ：意味・意義」見出し、これがさらに強みを活かす原動力になります。こう

図7：VIA

正義	節度	知恵と知識	超越性	人間性と愛	勇気
平等・公平	思慮深さ・慎重	向学心	審美眼	親切	勇敢
リーダーシップ	謙虚	好奇心・興味	感謝	愛する力・愛される力	勤勉性
チームワーク	自己コントロール力	判断	希望・楽観性		誠実性
		独創性	精神性		
		社会的知能	寛大		
		見通し	ユーモア・遊戯心		
			熱意		

出典：横田秀策『ウェルビーイングな学校づくりのためのポジティブ心理学』アルテ、2023年、p51

して人は他人から差別化された確固たる人物として、他者とより良い「Ｒ：関係性」を結べるようになります。

具体的に「強み」とはどんなものを指すのでしょう。松尾は「能力・技能」「願い・関心」「環境・関係性」「性格・徳性」などが考えられるとした上で、ポジティブ心理学では「性格・徳性」の「強み」を重要視していることを説明しています[35]。例えば、クリストファー・ピーターソン、マーティン・セリグマンによって開発されたＶＩＡ（Values in Action）というものがあります。これは、世界の美徳（哲学者や宗教指導者が強調している主要な普遍的特性）を集めて整理して、六種類の美徳のもとに、二四種類の強みを特定しました[36][37]（図７）。

これらをもとに、子どもたちに自身の「強み」を意識してもらい、育てたり、伸長したりしていこうとする気持ちが必要になるでしょう。第三章にて、その方法のいくつかを紹介したいと考えますが、ここでは「強み」を育てたり、伸ばしたりという考え方について説明を加えます。人によっては、強みというのは人にもともと備わっているものであり、育てたり伸ばしたりできるものではないと思う人もいることでしょう。そんな方は「成長的マインドセット」という考え方を知ってください。アニー・ブロックとヘザー・ハンドレーは、二〇〇六年にスタンフォード大学心理学教授、キャロル・ドゥエックの『マインドセット「やればできる!」の研究』をもとに、「固定的マインドセット」と「成長的マインドセット」という考え方を紹介しています。[38]

固定的マインドセット:人は生まれたときから知能と能力が決まっているという考え。固定的マインドセットの人は、挑戦や失敗を避ける傾向があり、豊富な経験や学びに満ちた人生を自ら破棄している。

成長的マインドセット:練習、忍耐や努力で、人はいくらでも学び、成長できるという考え。成長的マインドセットの人は、失敗や恥を恐れず、自信をもって新しいことに挑戦し、常に成長することに価値を置いている。

この言葉は、もとは「Fixed Mindset」と「Growth Mindset」という表現の和訳です。日本語で様々に変換されて使われています。「Fixed Mindset」は「固定的マインドセット」の他に、「こちこちマインドセット」、「Growth Mindset」は「成長的マインドセット」の他に、「しなやかマインドセット」などとして使っている方もいます。

物事をどのように捉えて考えるかは、人それぞれでしょうが、「成長的マインドセット」を自分の中の標準として備えていたほうが、気持ちよく生きていけると思いませんか？　強みはもともと人に備わっているものでそれ以上でもそれ以下でもないと考える方は、「固定的マインドセット」に縛られてしまっており、生き方や考え方を損してしまっていると思います。

「成長的マインドセット」を備えていると、挑戦することの喜びや努力することの充実感など（PEAMAの）「P：ポジティブ感情」を得ることができて、ウェルビーイングに向かっていくことができます。その際、目標達成や課題解決を簡単にあきらめてしまわずに、努力し続けることが大切です。これが、「やり抜く力（グリット）」につながります。

やり抜く力（グリット）

グリットは「困難、失敗、競合目標にもかかわらず、長期目標に対して示す〈情熱〉と〈粘り強さ〉[39]」と定義されています。グリットには次の二つの側面があると言われています。[40]

興味の一貫性因子：興味があちこちせず、数ヶ月あるいは数年にわたって自分にとっての重要目標から関心がぶれない傾向のことです。

努力の粘り強さ因子：目標追求の中で困難や挫折に直面しても、あきらめず粘り強く努力し続ける傾向のことです。

どうでしょうか。これらは「強み」と結びついていると感じませんか。自分の強みだからこそ関心がぶれずに取り組むことができるし、自分の「強み」だからこそ困難に直面しても努力し続けられるわけです。強みとグリットは相関関係にありそうです。強みがあるからこそグリットが強化され、グリットを発揮することで強みが強化される形です。研究によってグリットの高い人の傾向が明らかになっています。[41]

- ●成果をあげやすい
- ●目標をあきらめにくい
- ●不安や抑うつを感じにくい
- ●人生の意義を見出しやすい
- ●ポジティブ感情を経験しやすい
- ●楽観的である
- ●人生満足度が高い
- ●前向きで、幸福を感じている

これらは、「人生満足度が高い」「前向きで、幸福を感じている」など直接にウェルビーイングに結びついているものもあれば、「成果をあげやすい」「目標をあきらめにくい」→A：達成、「人生の意義を見出しやすい」→M：意味・意義、「ポジティブ感情を経験しやすい」「楽観的である」→P：ポジティブ感情、というようにPERMAと結びつくものがあります。いずれにしても、ウェルビーイングに向かっていくものであることは理解できます。

グリットは「成果をあげやすい」からこそ、他の傾向（目標をあきらめにくい他）が付随しているように感じます。グリットが高い人が成果をあげやすい理由の一つは努力の「量」と「質」です。

有名な話としては、『天才！ 成功する人々の法則』の著者であるマルコム・グラッドウェルが紹介した「一万時間の法則」です。ここで、心理学者のアンダース・エリクソンの研究を紹介しています。世界レベルの音楽家になり得る学生たちと、その学生たちほどではない普通に優秀な学生たちとの差は練習量であると仮定して、それぞれの練習時間を計算しました。その結果、天才バイオリニストの学生たちは二十歳までに一万時間の練習をしていたのに対し、「優秀」なバイオリニストの学生たちの練習時間は八千時間だったというのです。この一般化を図るべく、ピアニストや音楽以外のものを調査するのですが、「生まれ持っての天才」はおらず、練習時間に付随しているということでした。この「一万時間」が正確な時間設定なのかというのは別にして、ある一定の時間を練習（努力）することで成果が得られるということに関しては多くの方が納得できることでしょう。

ここから「才能」というのはもともと決まっているものだという「固定的マインドセット」ではなく、「努力」次第でどうにかなると考えることができる「成長的マインドセット」とのつながりが見いだせます。

ただし、ここで気をつけたいのは、根性論、つまり「努力すれば必ず夢は叶う、もし夢が叶わないのだとすれば、それは努力が足りないからだ」というような「努力原理主義[42]」にならないことです。例えば、興味関心もないのに努力を強いることで、グリットが高まり、その結果、成果があがるはずはありません。

中野は、ポジティブ心理学者であるアンジェラ・ダックワースの言葉を整理し、グリット（やり抜く力）は「内から外に伸ばす方法」と「外から内に伸ばす方法」があると紹介しています[43]。「内から外に伸ばす方法」は、「興味」「練習」「目的」「希望」に注目すると言います。「興味」を持って心から楽しみ、続けることで自動的に「練習」を行うようになり、自分の活動には確固たる「目的」があると理解し、目標達成のための強い意思が「希望」を生み出すということです。

「外から内に伸ばす方法」としては、周囲にいる人や適切な環境が重要な役割を果たすと言います。例えば、自分では気づかない弱点に気づかせてくれ、その改善方法をアドバイスしてくれるようなコーチや上司、メンター、友人、パートナーなどです。また、一人で取り組むのではなくグリットが高い人たちの集団の中で取り組むことで、自分も自然にグリットが高くなっていくということです。

いずれにしても、グリット（やり抜く力）とは、強いられるものではなく、「成長的マインドセット」のもと、自身の「強み」を生かして伸ばしていくものであり、それがウエルビーイングへと連なっていくものと考えるとよいでしょう。

レジリエンス

これまで、生徒指導とウェルビーイングな学級経営との関係において、子どもたちのプラス面に焦点を当てた「発達支持的生徒指導」について語ってきました。「強み」と「成長的マインドセット」と「グリット」のつながりについての説明は納得いただけましたか。一方で、グリットの定義に「困難、失敗、競合目標にもかかわらず」という言葉がありました。いくら前向き（ポジティブ）に生きていこうと思っても、自分の意思とは関係なく「困難、失敗、競合目標」などマイナスの局面に遭遇してしまうことがあります。この時、レジリエンスという考え方が役に立ちます。

レジリエンスとは「過酷な環境やストレスフルな状況、あるいはトラウマ体験といった逆境に直面した際に、そのショックから回復し、状況に適応していく力を指す概念[44]」です。例えば、大切な人との死別や猛勉強後の受験の失敗という挫折経験などがそれに当たります。なかなか日本語にぴったり適応する言葉がないらしく「弾力性」「回復力」「折れない心」「立ち直る力」「精神回復力」「心のしなやかさ」等、人によって様々な呼び方になっています。

近年、レジリエンスを促進するための介入プログラムが考えられています。平野の言葉を整理すると三つにまとめられそうです。[45] 一つは、ポジティブ感情の重視です。二つは、内的資源・外的資源に注目していくことです。三つは、各自にレジリエンスを発揮する際に必要不可欠な要素である自尊感情および自己効力感をきちんと持てるように働きかけることです。

「ポジティブ感情の重視」は、PERMA理論において、「P：ポジティブ感情」と重なるものですが、この理論的背景には、バーバラ・フレドリクソンの「拡張－形成理論」[46]があります。この考え方は、ポジティブ心理学の理論的骨子の一つになっています。ポジティブな感情でいることは、精神の働きを拡張し、その後のより効果的な思考や行動の拡張につながること、そしてこのような思考や行動が繰り返されることで人は成長し、さらにポジティブな感情を体験しやすくなるという好循環なサイクルが回っていくことを、フレドリクソンはいくつもの実験を通じて明らかにしました。これらのサイクルの積み重ねは、短期的な幸福から持続的な幸福へとつながることを意味し、ウェルビーイングへと結びついていきます。

「内的資源・外的資源に注目」は、例えば内的資源は自身の「強み」に目を向け、生かしていくことであり、外的資源はグリットの「外から内に伸ばす方法」のように、周囲の人びとや環境との関わりということになります。

「自尊感情および自己効力感」ですが、中野は「強み」との関連で次のように説明します。[47]

●「強み」を自覚し、その強みで社会に貢献する。その結果、人は差別化され自尊感情（自尊心）を持つようになりました。
●さらに「強み」を活用して目標を達成すればするほど、「やればできる」感覚、つまり自己効力感が高まります。

これらのことからも「強み」「グリット」「レジリエンス」は互いに関連し合って、強化していくものであることがわかります。

最後に、「レジリエンス」に関して大切な視点を提示しておきます。みなさんは「レジリエンスの高い子」と言われてどんな子どもをイメージするでしょうか。いわゆる「良い子」を思い浮かべる方が多いのではないでしょうか。このような思考回路に平野は警鐘を鳴らしています[48]。

逆境の際に求められる能力は、実は平時においては望ましい徳性ではない可能性もあります。たとえば、食べるものもないほどの貧困の状況においては、「正直さ」よりも「だます力」のほうが、生き延びるために必要かもしれません。いじめから逃れられない状況であれば、人とつながろうとする「社交性」よりもむしろ「シャットアウトする力」のほうが、その子の適応を助けるかもしれません。したがって、レジリエンスの「望ましい姿」に向かうための教育を行うのではなく、各人のレジリエンスのあり方を尊重し、それを拡げたり、発揮できたりするような働きかけをしていくことが重要であるといえます。

他の場面や考え方にも言えることですが、はじめに「子どもありき」ということです。その子の目線に立って困難に立ち向かうしなやかな対応や考え方を一緒に考えていくことが大切であることを確認しておきます。いざ、寄り添ってもそこからどうしてよいかわからないという時に、紹介したようなレジリエンス研究の成果が役に立ちます。さらに、これらと大きく関わるポジティブ心理学の知見をうまく使っていきましょう。

ネガティブとの付き合い方

この章の最後に、ネガティブな感情についての捉え方を記します。

まず、人間はもともと、自分が体験する出来事をネガティブにとらえやすいということです。これは生物の危機管理という面から、納得できることです。何か思いがけない出来事に遭遇したとして、恐れを抱かず過ごしていたのでは、生物として生き残れないですし、人間が地球上でここまで繁栄することはなかったことでしょう。

科学的には「プロスペクト理論」を用いると人間のネガティビティ性というものを知ることができます。プロスペクト理論とは、行動経済学の理論の一つです。心理学者のダニエル・カーネマンとエイモス・トベルスキーによって一九七九年に提唱されました。二〇〇二年にカーネマンがノーベル経済学賞を受賞しています（トベルスキーは一九九六年に死去）。プロスペクト理論には「確率加重変数」と「価値関数」という二つの柱があるのですが、ネガティブな感情や考え方に関係するのは「価値関数」です。これは簡単に言えば、「人間がもつ主観的な満足度を数学的に表現したもので、〈同じ規模の利得と損失を比較すると、損失の方が重大に見える〉という人間の特性[49]」を示しています。具体的には、「一万円手に入れるよりも、一万円損する方が精神的に大きな影響を受ける」ということです。これは、金額としては同じ一万円という価値にもかかわらず、「損をする」ことのほうに大きなショックを受けるということです。この理論から導かれる一つの心理作用に「損失回避性」があります。ここから、私たち人間には、「損だけはしたくない」という特性があるということです。「プロスペクト理論」から導かれる答えとして、人間はもともとネガティブな傾向を持っているということです。だから、子どもたちや保護者、同僚が日常的にネガティブな発言や態度をとる場合、即座に否定したり、拒否したりするのではなく、人間はもともとそうなりやすい傾向にあるのだと理解して受け止めることが大切です。もちろん、自身もネガティブな感情を抱いてしまったときには同様の受け止め方をしましょう。

この傾向の対応のしかたです。ネガティブな感覚は「わかるよね」「そうなりがちだよね」と共感しながらも、楽観性を保てるように働きかけるということです。これは先述のポジティブ感情に働きかける「拡張－形成理論」を実践的に用いるということでもあります。ポジティブ感情を包含したPERMA理論を学校生活、学級生活のそこかしこに取り入れていくことでウェルビーイングな教室に向かっていくことを促してもいます。
学校や教室でどのように実践していくかの例示は第二章、第三章で行います。

【文献】

（1）岡本薫『教師のための「クラス・マネジメント」入門－プロのイニシアティブによる改革に向けて』日本標準、二〇〇八年、一八頁、三八頁、五六頁
（2）岡本薫『教師のための「クラス・マネジメント」入門－プロのイニシアティブによる改革に向けて』日本標準、二〇〇八年、二六頁
（3）岡本薫『教師のための「クラス・マネジメント」入門－プロのイニシアティブによる改革に向けて』日本標準、二〇〇八年、一八頁
（4）岡本薫『教師のための「クラス・マネジメント」入門－プロのイニシアティブによる改革に向けて』日本標準、二〇〇八年、一八頁
（5）The OECD Learning Compass 2030: OECD. https://www.oecd.org/en/data/tools/oecd-learning-compass-2030.html
（6）ミハイ・チクセントミハイ（著）今村浩明（訳）『フロー体験 喜びの現象学』世界思想社、一九九六年、五頁
（7）ミハイ・チクセントミハイ（著）今村浩明（訳）『フロー体験入門』世界思想社、二〇一〇年、iii頁

（8）ジェイン・マクゴニガル（著）妹尾堅一郎（監修）藤本徹・藤本清美（訳）『幸せな未来は「ゲーム」が創る』早川書房、二〇一一年、三九頁
（9）井上明人『ゲーミフィケーション－〈ゲーム〉がビジネスを変える』NHK出版、二〇一二年、一一頁
（10）NewsPicks/どうすれば幸せになれるのか？コロナ禍で注目される、ウェルビーイングを徹底解説【石川善樹×成毛眞】（Youtube NewsPicks チャンネル）、https://youtube/JBf7mXPVs-0?si=X1mdrDhQAhfOpoxv
（11）中教審「「令和の日本型学校教育」の構築を目指して～全ての子供達の可能性を引き出す、個別最適な学びと、協働的な学びの実現～（答申）」二〇二一年
（12）中教審「学校管理職を含む新しい時代の教職員集団の在り方の基本的考え方」二〇二一年
（13）堀公俊（監修）三田地真実（著）『特別支援教育「連携づくりファシリテーション」』金子書房、二〇〇七年、一〇頁
（14）西川純『『学び合い』誰一人見捨てない教育論』明治図書、二〇二四年
（15）水落芳明・阿部隆幸『成功する『学び合い』はここが違う！』学事出版、二〇一四年
（16）阿部隆幸・ちょんせいこ『『学び合い』ファシリテーションで主体的・対話的な子どもを育てる！』学事出版、二〇一七年、六二頁
（17）阿部隆幸「自立的な学習者を育てる学級経営」『指導と評価二〇二四年十月号』図書文化社、二〇二四年

(18) 水落芳明「理科実験場面における言語情報と「形態情報」による評価のフィードバック機能に関する研究」『理科教育学研究』第五二巻一号、日本理科教育学会、二〇一一年、七五~八五頁
(19) 文部科学省「確かな学力」https://www.mext.go.jp/a_menu/shotou/gakuryoku/faq/001.htm
(20) 白松賢『学級経営の教科書』東洋館出版社、二〇一七年、四九頁
(21) 白松賢『学級経営の教科書』東洋館出版社、二〇一七年、四九頁
(22) World Happiness Report「World Happiness Report 2024」https://worldhappiness.report/ed/2024/
(23) 岡本薫『教師のための「クラス・マネジメント」入門-プロのイニシアティブによる改革に向けて』日本標準、二〇〇八年、一九三頁
(24) マーティン・セリグマン(著)宇野かおり(監訳)『ポジティブ心理学の挑戦』ディスカヴァー・トゥエンティワン、二〇一四年、二五七頁
(25) 矢野和男『予測不能の時代:データが明かす新たな生き方、企業、そして幸せ』草思社、二〇二一年、七六頁
(26) 矢野和男『予測不能の時代:データが明かす新たな生き方、企業、そして幸せ』草思社、二〇二一年、九〇頁
(27) 文部科学省「生徒指導提要」二〇二二年、一二頁
(28) 文部科学省「生徒指導提要」二〇二二年、一七頁
(29) 文部科学省「生徒指導提要」二〇二二年、四二頁
(30) 文部科学省「生徒指導提要」二〇二二年、二〇頁

（31）文部科学省・国立教育政策研究所「ＯＥＣＤ生徒の学習到達度調査二〇一八年調査（PISA2018）のポイント」二〇一九年、https://www.nier.go.jp/kokusai/pisa/pdf/2018/01_point.pdf
（32）松尾直博・東京都八王子市立由木中学校『ポジティブ心理学を生かした中学校学級経営 フラーリッシュ理論をベースにして』明治図書、二〇二二年、二五頁
（33）中野明『ポジティブ心理学の教科書』アルテ、二〇二四年、八二頁
（34）中野明『ポジティブ心理学の教科書』アルテ、二〇二四年、九一頁
（35）松尾直博・東京都八王子市立由木中学校『ポジティブ心理学を生かした中学校学級経営 フラーリッシュ理論をベースにして』明治図書、二〇二二年、一八頁
（36）島井哲志『ポジティブ心理学』ナカニシヤ書店、二〇〇六年、一六二頁
（37）横田秀策『ウェルビーイングな学校づくりのためのポジティブ心理学』アルテ、二〇二三年、五一頁
（38）アニー・ブロック、ヘザー・ハンドレー（著）佐伯葉子（訳）『マインドセット学級経営－子供の成長を力づける1年にする』東洋館出版社、二〇一九年、一頁
（39）Eskreis-Winkler. L. Gross. J. J. & Duckworth. A. L. (2016). Grit: Sustained self-regulation in the service of superordinate goals. In: K. D. Vohs. & R. F. Baumeiter. (Eds.) *Handbook of self-regulation: Research, theory, and applications, 3rd ed.* (pp.380-395). New York: The Guilfod Press.
（40）竹橋洋毅「グリット－困難な目標への情熱と粘り強さ」小塩真司（編）『非認知能力－概念・測定と教育の可能性』北大路書房、二〇二一年、三〇頁

(41) 竹橋洋毅「グリット－困難な目標への情熱と粘り強さ」小塩真司（編）『非認知能力－概念・測定と教育の可能性』北大路書房、二〇二一年、三一頁
(42) 山口周『ニュータイプの時代 新時代を生き抜く24の思考・行動様式』ダイヤモンド社、二〇一九年、二〇三頁
(43) 中野明『ポジティブ心理学の教科書』アルテ、二〇二四年、一二五～一二七頁
(44) 平野真理「レジリエンス－逆境をしなやかに生き延びる力」小塩真司（編）『非認知能力－概念・測定と教育の可能性』北大路書房、二〇二一年、二二五頁
(45) 平野真理「レジリエンス－逆境をしなやかに生き延びる力」小塩真司（編）『非認知能力－概念・測定と教育の可能性』北大路書房、二〇二一年、二三四～二三五頁
(46) Fredrickson. B. L. & Cohn. M. A. (2008). Positive emotions. In: M. Lewis. J. M. Haviland-Jones. & L. F. Barrett. (Eds.) *Handbook of Emotions, 3rd ed.* (pp.777-796). New York: Guilford Press.
(47) 中野明『ポジティブ心理学の教科書』アルテ、二〇二四年、一四一頁
(48) 平野真理「レジリエンス－逆境をしなやかに生き延びる力」小塩真司（編）『非認知能力－概念・測定と教育の可能性』北大路書房、二〇二一年、二三八頁
(49) 中野明『ポジティブ心理学は人を幸せにするのか－よりよい人生を生きるためのルール』アルテ、二〇一六年、一〇四頁

第二章　考え方（論）

この章では、学級経営（実は授業経営でも有効）の様々な場面で用いることを想定した汎用性のある型を示します。第一章では「これから求められる学級経営像」を考えていく過程で大切にしたい八つの視点を具体的に説明しました。汎用性のある型は、この八つの視点を包含して一つの考え方として整理したものです。あくまでも基本形なので、実際の現場で活用するときはその都度、実情に合わせて応用して活用できると考えています。

第三章は、具体的な活動やエクサイズの例を紹介します。第三章がコンテンツだとすると、本章はプロセスです。それでは、その汎用性の型を紹介します。「学びのモデル＝教室ファシリテーションモデル」と名付けています（図8、図9）。

「学びのモデルサイクル」（図8）と「学びのモデル（教室ファシリテーションモデル）」（以後、学びのモデル）（図9）は関連し合っています。学級生活であれば一年単位、学校生活であれば数

図8：学びのモデルサイクル

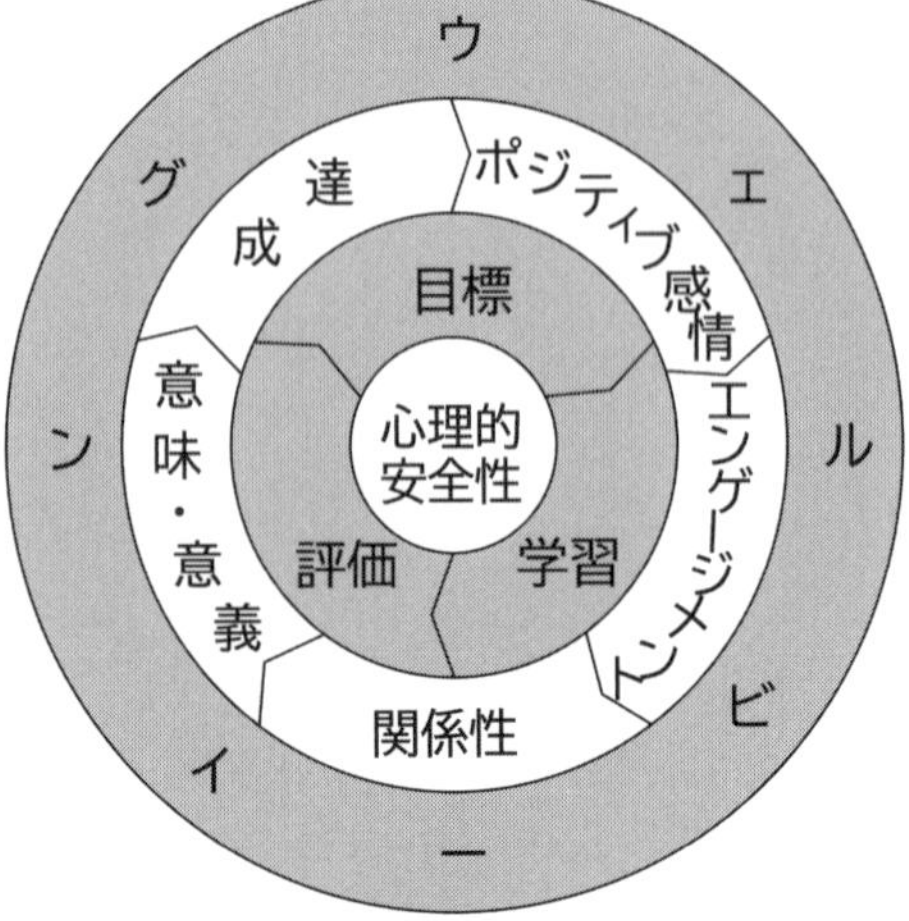

図9：学びのモデル（教室ファシリテーションモデル）

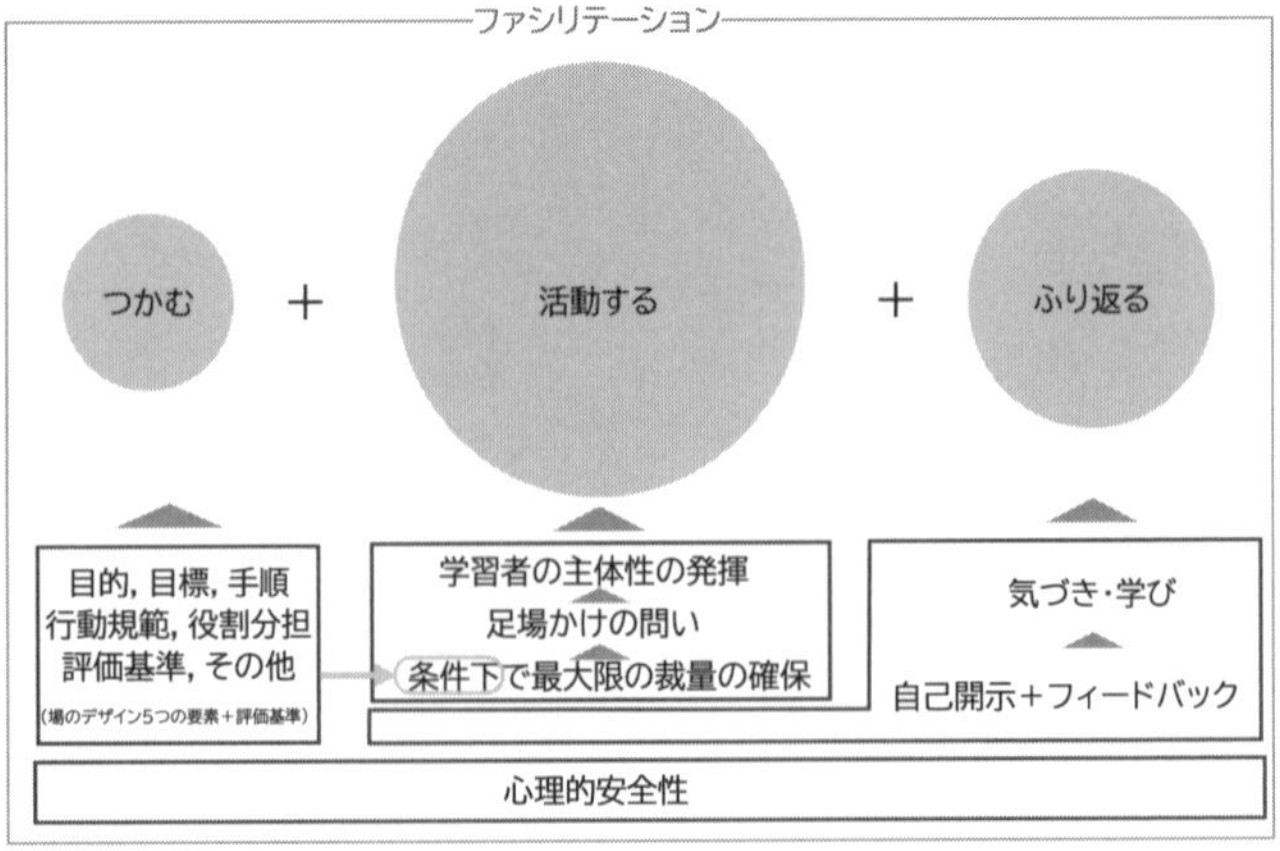

年単位の長期的な視野で考えていく必要があります。一つの活動が終わっても、次の活動が続くわけです。持続可能な学びのサイクルが必要です。これが「学びのモデルサイクル」です。

「学びのモデルサイクル」は、後述する「心理的安全性」を基盤として、「目標と学習と評価の一体化」の考え方をもとに活動を展開するようにしていきます。その際、ポジティブ心理学者であるセリグマンが考えるウェルビーイングの構成要素である「PERMA理論」（p：ポジティブ感情、E：エンゲージメント、R：関係性、M：意味・意義、A：達成）を至るところで関係づけていきます。その結果、学級集団と子どもたちがウェルビーイングになっていくということを想定しています。

「学びのモデル」は、「学びのモデルサイクル」を一つの活動のまとまりとして切り出したものです。例えば、数時間かけて行う「学習発表会」のような行事に関しての全体のデザインから、教室から体育館へ移動する時の振る舞い方を学級全体で共有するときの流れのような数分間の活動まで基本的にありとあらゆる場面で用いることができるモデルです。加えて、ファシリテーションスタイルを支持する授業においてもこれが適用できます。本書は授業に関する本ではないので、この場での詳述は避けておきます。

本章では、「学びのモデル」の要素となっている「心理的安全性」「つかむ」「活動する」「ふり返る」を一つずつ細かく説明することを通して、「学びのモデル」の概要を把握してもらい、ウェルビーイングな学級経営に向かう汎用性のある型（考え方）であることを共感してもらうことを目指します。

第三章は学級生活内で活用できる具体的な活動を紹介しますがこれらの活動はＰＥＲＭＡのいずれかを意識しての一過性のものだったり、その場面だけに適用されたりするものです。本章で紹介する「学びのモデル」の適用は、学級の活動そのものにウェルビーイングに向かっていく仕組みが組み込まれていると考えてください。

私は、小学校現場時代、社会科教育を中心に学級経営を進めようとしていた時期があります。その時は「担任する子どもたちとの民主主義の体現化」を目指して授業実践に取り組んでいました。具体的には「民主主義を教える」ことと「民主主義で教える」ことの二つが大切だと考えて教室実践を行っていました。「民主主義を教える」例としては模擬選挙の授業等があげられます。これは、子どもたちと共に選挙の仕組みや意義を調べたり、考えたりすることを通して、実際に数名に立候補してもらい、選挙の仕組みを模擬体験してもらうというものです。「民主主義で教える」は学級経営の仕組みや運営を民主主義の仕組みで進めるように工夫しました。学校の決まりや仕組みは大人の事情も相まって、上から下りてくるものがあって民主的に進めることが難しい部分があります。その中で、わたしの裁量で取り扱える部分に関しては、学級内の子どもたち同士の対話を通して民主的に進められるように最大限配慮して進めていくようにしました。

誤解を恐れずに書けば、第二章と第三章の関係は、この事例と重なります。つまり、第三章の具体的な活動の数々は、「ウェルビーイング（になる仕組み）を教える」活動であり、本章（第二章）

で説明する「学びのモデル」を学級生活に日常的に適用することは「ウェルビーイング（になる仕組み）で教える」ということになります。

なぜこのような進め方が大切かといいますと、例えば、その時々の切り取った何かが得意な人や上手な人がいます。サッカーのリフティングがものすごく上手であるとか、卓球で速くラリーができるとかですね。でも、実際の試合が上手かというと、そうでない方がいます。一芸をウリにして生活する芸人としてはよいですが、サッカーや卓球の世界を極めるという意味では少しズレていきます。持続可能とも言えません。日常の学級生活の仕組みとしてウェルビーイングを体現できるようにしておけば、学級生活の中ではもちろん、社会に出てからも応用できると考えます。

ぜひとも、「学びのモデル」を日常の生活に取り入れてみてください。

「学びのモデル」の全体の概要

「学びのモデル」の各要素を説明する前に、全体の概要を説明しておきます。

「目標と学習と評価の一体化」を学級の活動場面に下ろしてくると「つかむ、活動する、ふり返る」となります。第一章で「目標と学習と評価の一体化」という考え方は「指導と評価の一体化」を契機に、主語を「教師」から授業の主体者である「子どもたち」に転換したものだと説明しました。

従来、授業を中心に用いられてきたスタイルは「導入、展開・終末（まとめ）」です。たぶん、多くの学級で今でも数多く用いられていることでしょう。これを子どもたちを主語にしてみます。上條晴夫は「ワークショップ型授業の基本形」として「説明、活動、ふり返り」[1]を提案しました。「ワークショップ型授業」の名の通り、この授業では教師はファシリテーター的立場を取ります。この段階で、すでに第一章で述べた「ファシリテーションの視点」を取り入れたことになります。私自身もしばらく「説明、活動、ふり返り」に納得して使っていたのですが、ある時、「説明」という言葉は教師が主語だと気づき、別の言葉を模索しました。その後、ファシリテーションを生業としている方々がはじめの段階を「つかむ」と表現することが多くあることを知り、「つかむ、活動する、ふり返る」という表現に今では落ち着いています。

これは、偶然ですが、第一章でも述べているように、「ラーニング・コンパス２０３０」で提案された「AARサイクル」つまり、「見通し（Anticipation）」「活動（Action）」「振り返り（Reflection）」とほぼ一致します。これの向かう先は、ウェルビーイングです。この「つかむ、活動する、ふり返る」は、そういう意味でもウェルビーイングの流れに沿っていると言えます。

心理的安全性の担保

一つ一つの要素を説明していきます。まずは、下支えとなる「心理的安全性の担保」です。「心理的安全性」は、アメリカの心理学者であるエドガー・H・シャインとアメリカの経営学者であるウォーレン・ベニスが一九六五年に「組織の心理的安全性（Psychological Safety）」を提唱したのが始まりと言われています。その後、ハーバード大学で組織行動学を研究するエイミー・C・

エドモンドソンが「チームの心理的安全性」として次のように定義します。(2)

チームの心理的安全性とは、チームの中で対人リスクをとっても大丈夫だ、というチームメンバーに共有される信念

この一九九九年に発表された概念が近年になって脚光を浴びました。きっかけはグーグル社が行った「プロジェクト・アリストテレス」という実証実験です。この実験は「社内には生産性の高いチームとそうでないチームがあり、生産性の高いチームの特徴を解き明かすために実施された(3)」ものです。その結果、効果的なチームに必要な五つの要素を導き出しました。数字が大きくなるほど重要度が増します。(4)

1　インパクト……チームメンバーは自分の仕事について、意義があり、いい結果を生むものだと思っている
2　仕事の意味……チームメンバーは仕事が自分にとって意味があると感じている
3　構造の明確さ……チームの役割、計画、目標が明確になっている
4　相互信頼……チームメンバーは他のメンバーが仕事を高いクオリティで時間内に仕上げてくれると感じている

5　心理的安全性……チームメンバーがリスクを取ることを安全だと感じ、お互いに対して弱い部分もさらけ出すことができる

要するに、効果的なチームには五つの要素が含まれるが、その中で最も重要な要素が「心理的安全性」ということです。以後、ビジネス関連の雑誌では心理的安全性の特集が組まれ、書籍コーナーでは心理的安全性の文字が入った書籍がたくさん並ぶようになりました。

この流れが教育界にまで波及し、今では学校の中でも少しずつ「心理的安全性」という言葉が交わされる様子が見られます。もともと、学級経営において「安心・安全の場」という言い方がされていましたが、もう少し踏み込んだ形で用いられているように感じます。一般企業の組織やチームと学級集団は、成り立ちや目的が異なるので同じ意味として受け止めることには慎重にならなければなりませんが、一定期間、組織の目標に向かって特定の人たちと一緒に過ごす関係性ということにおいては共通点があります。これは、「ＰＥＲＭＡ理論」の「Ｒ：関係性」にも関係します。

石井遼介は「心理的安全性」には次の四つの因子があると言います[5]。

●話しやすさ
●助け合い
●挑戦

●新奇歓迎

この四つの因子に関係する行動を増やし、それに反する行動を減らすことで「心理的安全性」がつくられると言います。

研究の世界では「心理的安全性」と効果的なチームとの関係性について密接な関係があることは明らかとなったので、どうしたら組織内に「心理的安全性」がつくられるかという研究に移行してきているといいます。多くの研究者が様々な取り組みをしています。例えば、村瀬俊朗は次を紹介しています。(6)

イスラエルの研究者・カストロ氏が率いる研究チームは、心理的安全性に対する上司の傾聴行動の影響を検証した。この研究の重要な点は、高等なファシリテーション技術を用いずとも、「単純に耳を傾ける」という行為が心理的安全性を促進させることを発見したことだ。

つまり、上手か下手か、技術があるかないかは問わない、とにかく「傾聴しよう」ということです。ビジネス書に「1 on 1（ワンオンワン）ミーティング」に関する書籍が増えています。私は、「心理的安全性と言えば傾聴」という構図ができあがってきており、その結果だと見ています。下手でもいいから傾聴を、と言われてもなかなか難しくてできない、誰か教えてくださいという現れだと推察しています。

篠田真貴子は「聞く」と「聴く」との違いを次のように説明します。[7]

●聞く
with Judgement（「相手」に関心を向ける行為）
相手：やっぱり子どもには小さい頃から英語を学ばせるべきですよね！
自分：そうですよね、わたしもそう思います（そうですかね、わたしはそう思いませんが）

●聴く
without Judgement（「相手の関心事」に関心を向ける行為）
相手：やっぱり子どもには小さい頃から英語を学ばせるべきですよね！
自分：そういうお考えなんですね。そう思った背景を教えてください。

篠田は明言していませんが、私は「聴く」が「傾聴」を指していると理解します。この説明には、イラストが添えられていて、「聞く」にはお互い向かい合って（対峙して）話しています。対して、「聴く」は横に並んで互いにどこかに向かって歩んでいるように描かれています。これも、「会話」や「おしゃべり」と「傾聴」の違いを象徴しています。この「傾聴」が教師と子どもたち、または子どもたち同士でできるようになると教室空間に心理的安全性がつくられていきます。下手でもいいと書きましたが、上手にできるにこしたことはありません。小学校教員時代、私はちょんせいこが開発した「質問の技カード」を利用した「ペアコミュニケーション」の実践を行っていました。これは、第三章で詳しく紹介します。

「心理的安全性」という響きから誤解されるのが「ぬるい」空間です。石井は「心理的安全性」と「ぬるい」の違いを次のように説明します。[8]

人間関係は和気あいあいとしているが、締切も守らず、ストレッチした仕事もせず、コンフォートゾーンの中にいる、といった職場です。この誤解は「安全」という言葉を日常的な意味でそのまま捉え、「何もしなくても安全」「努力しなくても安全」と解してしまったことに起因します。しかし、心理的安全性はチームのためや成果のために必要なことを、発言したり、試してみたり、挑戦してみたりしても、安全である（罰を与えられたりしない）ということなのです。

「コンフォートゾーン」「ストレッチゾーン」「パニックゾーン」という考え方があります。[9]小さい円、中くらいの円、大きい円と三つの同心円を頭に描いて次の文章を読んでください。

自分が安心して物事を考えたり、行動したりできる場や空間のことを「コンフォートゾーン（Cゾーン）」といいます。Cゾーンは親友や家族など、自分にとってリスクを負う危険がない人や場にあります。そこでは安心して活動ができますが、新しいものとの出合いが少ないため、成長があまり見られません。現状維持・満足で終わってしまいます。Cゾーンの外側にあるストレッチゾーンは、チャレンジの場所。Cゾーンから一歩飛び出せば、新しい価値観やモノに出会えます。ただし、慣れない人や場に出くわしたり、未知のものに挑戦したりしなければならないために、不安に襲われたり、尻込みをしてしまうことがあります。いちばん外側はパニックゾーンと呼ばれ、ここでは人は不安と恐怖で何も手につかない、どうしたらよいのかさっぱりわからないという状態になり、早くCゾーンに戻りたいと願ってしまいます。学びはほとんど起こりません。

「ぬるい」空間かもしれないけど、リスクを負う危険がなく安心な場である「コンフォートゾーン」は大切です。何かあった時に（もしくは何もなくても）避難することができる実質的な空間や心理的な空間があるということは安心してそこにいることができる（ビーイング）という意味で重要な意味を持ちます。多様な子どもたちが存在する教室空間において、コンフォートゾーンを確保しようとする実践をしていく必要があります。

同時に、「コンフォートゾーン」の確保だけではやはり「ぬるい」です。つまり、個人や学級集団の成長が見られません。「個々の子どもを〈ある状態〉にする」クラス・マネジメントを発揮できません。そして当然「コンフォートゾーン」に居続けることは本書の最大のテーマであるウェルビーイングにつながりません。

中野は、『7つの習慣』で著名なスティーブン・コヴィーが説明した「関心の輪」を用いて、資質が強みに成長していく仕組みを説明しています。[10] 中野は「快適ゾーン」と「研鑽ゾーン」と説明していますが、私の中では、「コンフォートゾーン≒快適ゾーン」「ストレッチゾーン≒研鑽ゾーン」のように解釈すると今までの心理的安全性の説明と整合性ができてすっきりします。中野の説明を私なりの解釈を加えて説明します。

第一章の「グリット」の説明のときにグリットが高い人が成果をあげやすい理由の一つは努力の「量」と「質」だとして、「一万時間の法則」を例にあげました。第一章では「量」の話をしましたが、ここでは「質」の話をします。漫然と一万時間の練習をし続ける領域が「快適ゾーン」であり、昨日よりも今日、今日よりは明日の成長を目指して一万時間の練習をしていく領域が「研鑽ゾーン」です。そもそも自分は「一万時間の練習」そのものができないという話になりそうですが、これは例え話です。「漢字練習」や「計算練習」「自主学習」「英検のための練習」「プロジェクト学習の成果」「清掃活動」などをここに当てはめればもっと現実的です。

「快適ゾーン」から「研鑽ゾーン」へ移行するポイントは、目標を掲げ達成し続けることです。具体的には、自分（たち）が持っているスキルや能力を少し上回る目標を設定します。漫然と「上達したい」と考えるのではなく、現状を理解し、改善点を明らかにして、実現のための具体的な目標設定をします。こうすることで、目標の達成状況が明らかになります。その都度、フィードバックをして、次の目標設定に生かしていきます。目標達成を繰り返すことで、「やればできる」の感覚が強まり、自己効力感が高まります。さらに高い目標に挑戦したくなるよりよいサイクルが生まれます。ここに「PERMA理論」の「A：達成」が大切になり、達成が繰り返されることで「E：エンゲージメント」も強化されます。

なお、本書のテーマを考えると、研鑽ゾーンへ向けての目標設定は、一般的には「学級目標」がよいと私は考えます。

以上のように、心理的安全性を「学びのモデル」の下支えと考えることで、集団と個人の強みを育み、主に「PERMA理論」の「R：関係性」と「A：達成」「E：エンゲージメント」に働きかける仕組みになっていることがわかります。

つかむ

「つかむ」は「活動する」「ふり返る」という一連の流れの最初にくるものです。子ども主体で進める「学びのモデル」は、「つかむ」時間に「活動する」「ふり返る」を含めた今後の流れを教師、子どもたち含めた集団の構成員全員が共有します。「活動する」に入ってしまえばその後、基本的に教師は全員の前に立って話をする時間はほぼありません。円の大きさで分かる通り（図8）、時間的には大変短いのですが、ここで子どもたちと事前に共有すべきことがしっかりできるかどうかが、その後、子どもたちが主体性（＝エージェンシー）を発揮して活動できるかどうかの分岐点になります。第一章に書いたフローにつながる主体性の促しを意識しながら、「つかむ」を進めるようにします。

改めて「主体性」の言葉に注目してみます。

「主体性」を確かめるために「自主性」と比較してみましょう。一般的な辞書を参照すると、「主体性」とは「なにをやるか決まっていない状況でも、自分で考えて、判断し行動する」ことであり、「自主性」は「やるべきことは明確で、人に言われる前に率先して行動する」ことと書いてあります。

「自主性」は、例えばロボットのペッパーくんでもできる行為です。具体的には「朝、十人におはようございます、と声をかける」とか「目の前に立った人におはようございますと言う」と命令語を入力しておけばよいわけです。やることが明確になったペッパーくんは自主的にあいさつをしてくれます。しかし、ペッパーくんは「主体性」を発揮することはできません。「自主性」はロボットやＡＩにもできることであり、「主体性」は人間だからこそできる行為と言えます。

それでは、子どもたちに主体性を発揮してもらうための条件とは何でしょうか。例えば、その時間の目的を明確にするとか、自分の考えを存分に表明することができるように心理的安全性を担保するなど、様々な意見が出されるでしょう。私はその中で最も優先順位が高いのは、主体性を発揮するための場を確保することと考えます。言い換えれば「子どもたちの裁量に任せる場や時間を最大限に確保すること」です。裁量という言葉は教育現場では聞き慣れない言葉かもしれません。「自己選択、自己決定」という言葉のほうがわかりやすいかもしれません。子どもたちが自己選択、自己決定のできる場や時間を最大限に確保することが、子どもたちが主体性を発揮するための優先順位の最上位にくるものと考えます。

「うちの学級の子どもたちは主体性を持ち合わせていないのではないだろうか」や「全然、子どもたちは主体性を発揮しようとしてくれない」と話している教員の学級経営や授業経営を見せてもらうと、教員が子どもたちにずっと話し続けるだけだったり、教員の指示だけで時間を過ごさせたり、一問一答のやりとりだけで過ごしたりで、自己選択、自己決定をする場や時間を子どもたちに提供していないところを目にするときがあります。こんな状況で子どもたちはどうやって主体性を発揮すればよいのでしょう。主体性を発揮する場や時間を子どもたちに提供していないにも関わらず、子どもたちは主体性を発揮してくれないと嘆くのは矛盾しています。子どもたちが主体性を持ち合わせているか否か以前の話です。

とはいいながらも、今まで、子どもたちに主体性を発揮してもらう場や時間を確保することを意識しないまま過ごしてきた教員にとって、どのような進め方で場や時間を設定すればよいのかが難しいことでしょう。この難しさの理由は、先ほど述べた「主体性」と「自主性」の違いから説明できます。

学校教育現場では「主体性・自主性」と一つのセットとして取り扱っていることが多いように感じます。「主体性」を自主性の意味で用いたり、「主体性」の意味を深く知ろうとしなかったりして、あえて「主体性」と「自主性」を区別しないようにしているのです。

それはなぜでしょう。学校現場では、心の底では子どもたちに主体性を発揮してほしいと思っていないのではないでしょうか。「主体性」という言葉は肯定的な意味合いで使われることが多いと感じますが、先の辞書の意味から分かる通り、行為の内容や結果に関しては肯定的な意味は含まれていません。つまり、級友に迷惑をかけるとか学級集団を混乱させるなどの、教師が望まない、言わば学校や教員にとって否定的な主体性の発揮も考えられます。やるべきことが明確な自主性には、主体性のような心配はいりません。だから、現場では主体性と自主性をセットとして、あいまいなまま扱っていると予想します。多くの教員にとって、学級の荒れや子どもたち同士のトラブルはできるだけ避けたい現象です。子どもたちが主体性を発揮した結果、教員にとって困ったことや面倒なことが増えるのは避けたいと思うのはわかります。

いくら理想を掲げても、学校は強制装置です。学校教育の目標に向かっていかねばなりませんし、学校特有の法的な拘束もあります。また、地域特有の文化や風習もあることでしょう。そんな中、子どもたちに存分に主体性を発揮してもらいたいと思っても、学校や教室を運営する側にとって困る主体性を発揮してもらいたくはないはずです。

だからこそ「目標と学習と評価の一体化」であり、この考えを学級の活動場面に下ろした「つかむ、活動する、ふり返る」が大切になります。三つの段階の中で最も多く確保する時間が「活動する」です。教師は「活動する」時間に子どもたちをコントロールすることは極力避けるようにします。それは、子どもたちの主体性を発揮する場と時間を確保することにつながります。

図10：場のデザイン5つの要素

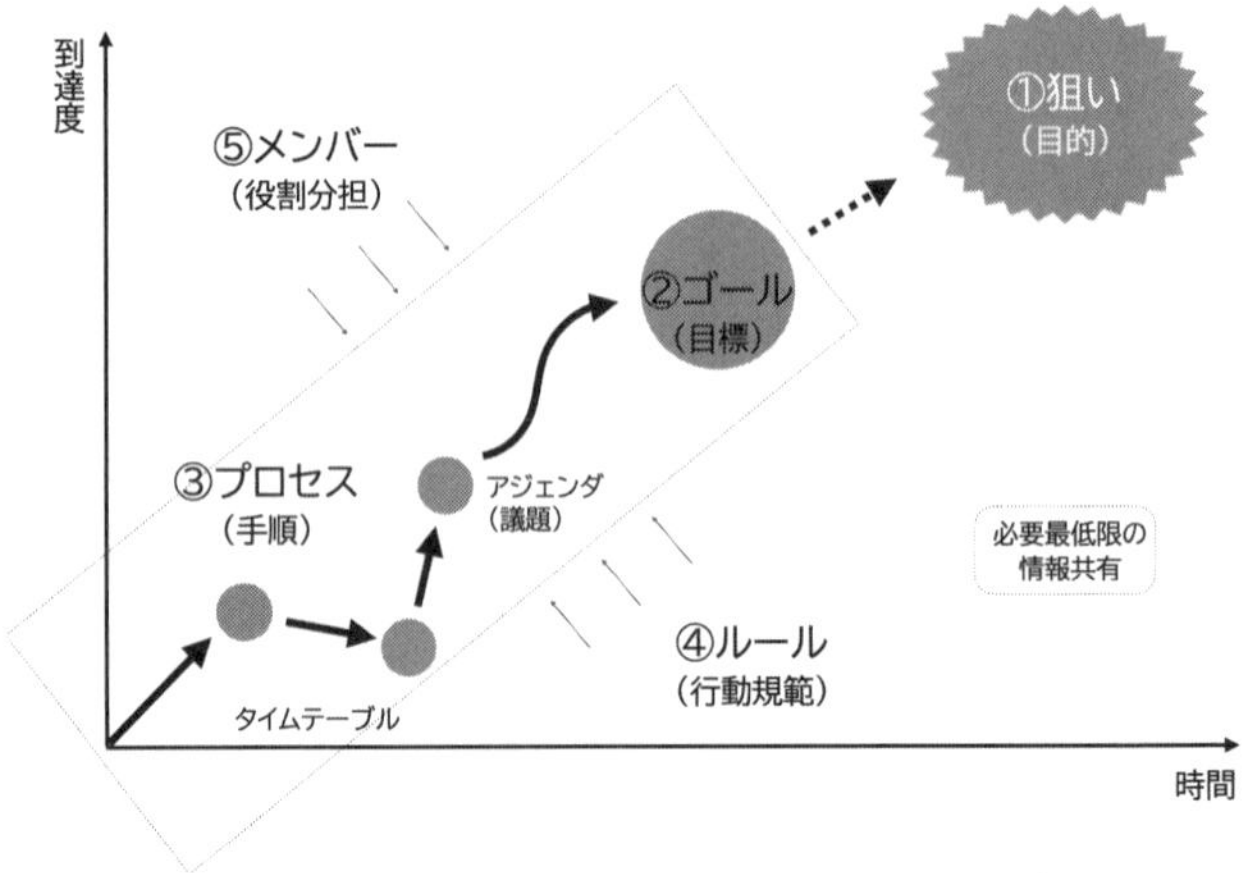

出典：堀公俊『ファシリテーション入門 第二版』日経文庫、2018年、p63

子どもたちの主体性を発揮してもらうために最も大切な段階が「活動する」の前段の「つかむ」です。ここで、教師と子どもたち、子どもたち同士が主体性を発揮して活動するための情報を共有します。何を共有すればよいでしょうか。私は堀公俊が提案した「場のデザイン五つの要素[11]」と「評価基準」を共有すればよいと考えます。

堀は「〈場〉とは、物理的な空間を含め、人々が時間と場所を共有しながら、新しい知識を創造していく知覚的なスペースを意味します。そのデザインでもっとも大切なのが、話し合いの段取りです[12]」と述べて①狙い（目的）、②ゴール（目標）、③プロセス（手順）、④ルール（行動規範）、⑤メンバー（役割分担）の五つを示しています。これが「場のデザイン五つの要素」です（図10）。

図では、活動の時間や到達度の状況によって五つの要素が位置づけられています。「学びのモデル」では、「つかむ」の段階でこの「場のデザイン五つの要素」とこの図にはない評価基準を加えた六つを全て共有するようにします。これが基本形です。

実際には、一年間かけて展開する係活動の仕組みを子どもたちと初めて進める時や、十時間かけて芸術祭の活動を始める時、日常行っている清掃活動の確認、体育館移動に関するやりとりなど、活動時期の長短や規模、内容の難易によって「五つの要素＋評価基準」の全てを具体的に共有するか一部分だけを共有するかに分かれます。

例えば、学校の大イベントである芸術祭を行うときの最初の時間での「つかむ」であれば、「五つの要素＋評価基準」全ての共有が必要になるでしょう。最初の時間なので、全てのことを丁寧に行います。特に「狙い」や「ゴール」や「評価基準」などの共有の仕方を工夫し、子どもたちのモチベーションを高めるような工夫をしたいものです。

また、日常の清掃活動の中での「つかむ」であれば、「ルール」や「メンバー」をはじめとして、「狙い」や「ゴール」もすでに共有されているのならここに触れる必要はないでしょう。この日のアジェンダを含んだ「プロセス」の共有だけで終わらせてよいかもしれません。もちろん、日々の活動でだらけてしまったり、馴れ合いの活動になってしまったりしているときは、「狙い」や「ルール」の再確認などが必要になるときがあります。その都度その都度、「つかむ」で何を共有するべきか見定める必要はあります。

加えて、これから行う活動で「してほしくないこと」や「学校や学級の事情」などもあれば、これらもここで確認をしておきます。こうすれば、教師も子どもたちも様々な事情を公にし、共有した上での活動になるので、子どもたちの困った主体性は発揮されないことになるのです。

「目標と学習と評価の一体化」を採用することで、強制装置である学校の枠内で安心して子どもたちは主体性を発揮することができます。広大な敷地の中で互いに納得し合って生活や学習を営むイメージです。この考え方を進める時のポイントは、二つあります。

一つは、子どもたちが十分に主体性を発揮できるようにできるだけすべての情報を先出しすることです。活動中に、子どもたちの様子を見て、情報を追加したり、先に確認しておいた内容を変更したりすると、子どもたちは主体性を発揮しにくくなります。どうせ、途中に変更や新たな指示が入るのだろうなと受け取ってしまうからです。

二つは、「つかむ」段階で確認、共有する内容は、子どもたちが存分に主体を発揮してもらうためのものであると心がけることです。コントロール欲求の強い教員が、目標と学習と評価の一体化の考え方を知ってしまうと、「つかむ」段階で「あれはダメ」「これはこうしなければならない」など、決まりや制限で子どもたちを身動きが取れない状態にしてから「活動する」につなげるときがあります。これでは主体性を発揮する場と時間が失われてしまいます。「目標と学習と評価の一体化」は強制装置である学校において、なるべく子どもたちの主体性を担保してあげたいという考えに依拠していることを忘れないでください。

「つかむ」は子どもたちの主体的な活動のための原点であり、設計図であり、地図になります。基本、子どもたち全体の前に教師が出ていく場面はこの「つかむ」場面だけになることが理想です。話す内容は「五つの要素＋評価基準」だとわかったので「つかむ」はうまく進められると考えるのは早計です。同じような内容を伝えているのに、子どもたちが集中して聞いたりする話ができる先生がいる反面、全く集中して聞いてもらえないような話をしてしまう先生もいます。話す内容以外に、話し方や表現方法が大切です。私は「つかむ」場面で教師が話をすることをファシリテーションの用語を用いて「インストラクション」と説明しています。ちょんせいこは「インストラクションの定義」と「相手に届きやすいインストラクション」を次のように説明します(13)。

●定義

指示や説明をする技術。シンプルで的確な言葉や手順の提示。エピソードを有するインストラクションは、一人ひとりが自律的、協働的に動きやすい環境をつくります。

●相手に届きやすいインストラクション

①有益な情報が提示されている
②柔らかなトーンで心地良い。厳しい内容にも、納得できる説明や励ましがある
③自己選択・自己決定を尊重する選択肢が示されている
④これはダメ（NG）ではなく、こうすれば良い（OK）をベースにしている
⑤物語が編み込まれている

⑥リズムとテンポが良い

ここでいう有益な情報というのが（場に応じて、取捨選択した）「五つの要素＋評価基準」になります。インストラクションのほとんどは音声情報になるため、「あのー」「えっとー」というような口癖や声のトーンやリズムなどややる気を誘うエピソードの例などでも学び手の意欲が大きく変わることがあります。伝達すべき必要な情報を書き出して手元に持っているので「つかむ」段階はそれだけで大丈夫だと思わずに、声に出して練習したり、誰かに聞いてもらったりするなどの準備をすると万全かもしれません。

以上のように、「つかむ」は、次の「活動する」段階で、存分に子どもたちが自身の主体性（＝エージェンシー）を発揮できるようにするための準備と確認といえます。主に「PERMA理論」の「A：達成」に向かうための目標を強く意識するように働きかけ、これから活動を行う「M：意味・意義」を確認しながら、「E：エンゲージメント」につながるやる気やモチベーションの向上につなげていくような、例えれば燃料に火をつける大切な段階であることがわかると思います。

活動する

「活動する」は「つかむ」「活動する」「ふり返る」という一連の流れの中央にくるものです。図9でわかるとおり、円の面積が最も大きいです。一連の流れの中で物理的な時間を一番多く確保すること、そして子どもたちの主体性が十分に発揮できるように工夫することがファシリテーターとしての教師の役割になります。

ポジティブ心理学的な視点では、「つかむ」で主体性発揮の準備ができていれば、「活動する」は存分に主体性を発揮する時間と場になるということです。子ども一人ひとりや集団の中に言わば「E：エンゲージメント」が湧出するような「フロー」の時間となるように教師は配慮するようにします。

具体的に「活動する」段階での教師の役割をどのようにとらえたらよいでしょうか。足場かけ（scaffolding）という考え方が大きなヒントを与えてくれます。

わかりやすくするために、「目標と学習と評価の一体化」を極端に考えてみます。ある学級である学びを進めようとしています。「つかむ」段階で明確に子どもたちが目標を捉え、目標に到達するための方法等をしっかりイメージでき、その都度、自分自身がどの状態にあるかの確認（これが評価）もできる状態であるとします。子どもたちの意欲も十分です。この場合、教師は「活動する」場面において特に役割がありません。もし、行うとしたら子どもたちとともに「喜んだり」「励ましたり」「感激したり」「感動したり」などPERMA理論でいう「P：ポジティブ感情」を子どもたちと共有することに使えばよいでしょう（実際、こういうすてきな教室を展開しているところもあると思います）。考えてみれば、このような状態は学級集団がフローの状態に入っていることと言えます。

しかし、実際はなかなかそう簡単にはいきません。明確に目標を捉えられない子どももいれば、目標に到達するための方法を考えられない子どももいれば、今自分がどの状態にあるのかの確認ができない子どももいます。まったく意欲の持てない子どももいます。「つかむ」段階で教室にいる全員と目的や方法や評価などの共有化を図るわけですが、人間は主体性を持った生物ですからそれぞれの個性を発揮するわけです。そこで必要になる教師の役割が「足場かけ」です。

河野麻沙美は足場かけを次のように説明します。[14]

足場かけとは、一人では成し遂げられない目標や実践への参加に対して、適切な援助を与えて課題達成を可能にすること、または、課題達成を可能にする支援のありようを指します。工事現場。などで高所作業のために仮設置される「足場」を比喩として用いたものです。建物が完成すれば、この足場が解体されるように、一人で達成できるようになったときには、支援は不要となります。この支援を徐々に段階的にのぞいていく過程を足場はずし(fading)といいます。

だからといって、子どもたちが課題達成するための「足場」であれば、どんなものでもよいわけではありません。「足場かけ」にも、効果的な足場かけとそうじゃない足場かけがあります。[15]

たとえば、誰かに何かのやり方を教えたり、やってみせたりすることは、直近の目標を達成するのには役に立つかもしれない。
しかし、それはよい足場かけではない。なぜなら、それでは子どもは主体的に知識構築に取り組むことにならないからである。
それとは反対に、効果的な足場かけとは、学習者が自分の力で理解するための助けとなるようなヒントやきっかけを与えることを意味している。

単に課題を達成できればそれで良いわけではないということです。これは、その時の主流の教育観によっても変わることでしょう。例えば、「手段は問わないから、できればよい。知っていればよい」という価値観が主流の社会においては、学習者の意思や気持ちなどは重視せず、道理はともかく早くできるようになったり、理解してもらったりするような足場かけを教師は考えることでしょう。しかし、ウェルビーイングに向けての要素として考えられる子どもたちの主体性の発揮を大切にする価値観が主流の社会であれば、「学習者が自分の力で理解するための助けとなるようなヒントやきっかけ」としての「足場かけ」を重要と考えます。

子どもたちの主体性の発揮を促す「足場かけ」の具体的な技法とは何でしょうか。それは主に「問い」という形で表れます。従来の教師の指導言として主なものに「説明」「指示」「発問」があります。「説明」と「指示」はどちらも子どもたちへ受け身を強いるものです。「つかむ」などの時間で主体性を発揮するための準備や心構えのために用いることはできても「活動する」場面で必要な主体性の

図11：質問と発問との比較整理

	問う側	問われる側	機能
質問	答えを知らない	答えを知っている	情報を引き出すトリガー
発問	答えを知っている	答えを知らない	考えさせるためのトリガー
問い	答えを知らない	答えを知らない	創造的対話を促すトリガー

出典：安斎勇樹・塩瀬隆之『問いのデザイン：創造的対話のファシリテーション』学芸出版社、2020年、p43

発揮を促すことには使えません。それでは「発問」が有効なのかといえばそう単純でもありません。

安斎勇樹は「問う側」と「問われる側」の立場を区別して、「問う」ことを三つに分類していま す[16]（図11）。学校教育、特に授業で一般に用いられてきたのが「発問」です。これは、IRE連鎖（またはIRE構造）という形で取り上げられてもいます。アメリカの社会学者メーハンが論じたもので、例えば今井聖は次のように説明しています[17]。

Mehan（1979）の議論には、教室のなかで生じる相互行為を「構造」的なものとして示し出しているという側面と、その相互行為自体が「構造化する活動」であることを示し出しているという側面が、ともに含まれている。そのなかでも、授業の中心をなす学問的知識の伝達は、「教師の開始（Initiation）」―「生徒の応答（Reply）」

－「教師の評価（Evaluation）」という連鎖組織を通して、教師が生徒から知識を「誘発（Elicit）」し、それを「評価」することで遂行される。このＩＲＥ連鎖が複数結合して「主題のまとまり（Topical sets）」が構成され、さらにそれが複数結合して「教授フェイズ（Instructional Phase）」が構成される。言うまでもなくこれが、授業の中核となるものである。

「教師の開始（Initiation）」－「生徒の応答（Reply）」－「教師の評価（Evaluation）」の部分を取り出して、ＩＲＥ連鎖と呼びます。難しそうに感じるかもしれませんが、従来の授業でよく行われてきたものです。例えば、

先生「問題です。３＋４はいくつになりますか」
児童「７です」
先生「正解です」

という場面はよく見られますし、こういうやり取りが授業の中で何度も繰り返されてきたことはわかると思います。しかし、考えてみれば日常生活でこのやりとりがされることはめったにありません。例えば、日常生活の中で次のようなやり取りが見られたらなにか変です。

Aさん「ここから最寄り駅までの道順を教えてください」
Bさん「ここを直進して、二つ目の信号を右に曲がって、五〇〇メートル進んだところです」
Aさん「正解です」

「問われた」から「答えた」のに、それを「評価される」というのは、学校ならでは、授業ならではのものです。ＩＲＥ連鎖には、従来の学校観、授業観から、次のような仕組みが見え隠れします。

●事前に教師が答えを持っている
●教師が考えている答えにたどり着くように答える努力をしなければならない（教師主体）

このように「発問」は、子どもたちの主体性の発揮を促す「足場かけ」になりにくいです。主体性の発揮を考えて「発問」ではなく「問い」という形で子どもたちに声をかけます。「発問」と「問い」の違いは一言で言えば、「自己選択、自己決定できるか否か」です。ここが主体性に結びつくからです。ただし、何を問うてもよいわけではありません。「足場かけ」になるような「問い」を発する必要があります。目の前の子どもやグループの状況を把握して「問い」を発するしかなく、ここは経験の積み重ねが必要になります。

本書では、少しでも経験を補えるように「問い」のヒントを提案しておきます。

私は「活動する」場面の「足場かけ」の「問い」として、今のところ大きく三つあると考えています。一つは「現在地を問う」、二つは「内容を問う」、三つは「段階を問う」です。

一つ目の「現在地を問う」は、さまよっていて前に進んでいなさそうな子どもたちへの問いです。この場合は教師から見て、何か不足しているように見えてしまっている「場のデザイン五つの要素＋評価基準」のいずれかの部分を「問い」の形にして尋ねてみます。例えば、活動はしているように見えるけれど目標を見失っているように見える子に対しては「今の時間の活動の目標って何だったっけ」と尋ねてみます。もし、しっかり答えられた場合、「おっ、さすがだね。そこに向かえていますか」とか「やるねぇ、そこに向かうためにどんなことをしているのかな、教えて」のように問いを重ねていきます。あくまでも選択、決定は子どもたちにあるという形で進めるのです。

もう一つ「現在地を問う問い」の例を紹介します。活動はしているけれども、雑に見えてしまう場合、評価基準表を手に持って声をかけます。

先生「今、評価のＡＢＣＤのどのあたりにいる感じかな」
児童「まだＣくらいですかね」
先生「なるほど。どこがどんな感じでＣなの」
児童「えっと……」

このように、指示でも命令でもなく、ましてや子どもに正解を押し付けるのでもない「問い」のやり取りで進めることができます。教師自身が「場のデザイン五つの要素＋評価基準」を把握し、個々人の現在地を確認し、さまよっていないかを見取ることが大切になります。

二つ目の「内容を問う」は、「つかむ」で諸々を共有したにも関わらず、「活動する」意思や意欲を見せない子どもたちに対して行います。「現在地を問う」は活動の様子を見て問うわけですが、「内容を問う」は子どもたちの心情を確認したい時に使うと思ってください。具体的には五つの「内容の使い分け[18]」を活用するとよいです（左の例は文献をもとに学校用に筆者が修正しています）。

●何をしているのかな？／何かあったのかな？／何か知っているかい？（事実・経験）
●どんな感じ？／どんな気持ち？（知覚・感情）
●どんな考えなの？／なぜそう思うのかな？（思考・考察）
●何が大切かな？／何をすべきかな？（価値・信条）
●これから何をしますか？／どうしたいですか？（決定・行動）

これらの問いの実際の用い方ですが、例えばこんな感じです。

先生「Aさん、今、何をしているのかな?」
A「なんか、かったるくて」
先生「そうかぁ、かったるいかぁ。今、○○に向けて○○の活動をしているのはわかっていると思うけど、どんな感じ?」
A「あっ、なんとかやります。大丈夫っす」
先生「そうなんだ。じゃ、任せるね。困った時は友達や先生に頼ってね」

この例では、声をかけてみたら、なんとかやるという反応でした。もし「何をしているのかな」と問うて、目的に向かった活動をするのが「難しい」という反応をした場合は「そうかぁ、難しいかぁ。じゃあ、今の時間、どんな過ごし方をしたいかな」などと「問い」かけます。つまり、行動の主体は子どもたちであり、今このときの活動を決めるのは自身であることを「問い」で示すわけです。今までの生活経験などから「自分が決める」ことが苦手な子どももいます。その場合は、こちらで選択肢を示すなどして、自分で決めるという経験を増やしていくことから始めていくと良いでしょう。

三つ目の「段階を問う」は、先の二つの「問い」と異なり、(うまく進めているかどうかは別として)意欲的に取り組もうとしている子への「問い」となります。この場合、特に「問い」を必要としていない子もいるでしょう。こちらが関わることで失速してしまう可能性もあります。しかし、うまく関わることで加速する子もいます。効果的に活用したいです。この問いに関して参考にできそうなのが「足場の問いのテクニック[19]」です。左の六つを挙げています。

1 点数化
具体的なモノやコトに対して、参加者の主観から具体的に点数をつけて貰う方法です。

2 グラフ化
点数化の応用で、具体的なモノやコトに対する意味の変化を、時系列でグラフに表現して貰う方法です。

3 ものさしづくり
話し合いの前提となる「価値の評価基準」についてすり合わせるための足場の問いです。

4 架空設定
「もし○○だったら……」と、架空の設定で想像を促す問いのテクニックです。

5 そもそも
設定した課題や、ワークショップのテーマの背後に「当たり前」になっている大前提の存在意義について、あえて考えてもらうテクニックです。

6 喩える

参加者に考えてほしいこと、つまり「探索の対象」について、ストレートに尋ねるのではなく、別のものに喩えて考えてもらうテクニックです。

ここでは、学校内の活動で特にすばやく活用できる「点数化」「架空設定」「そもそも」を具体的に紹介します。

「点数化」は具体的な事象に対して、子どもたちの主観から具体的に点数をつけてもらう方法です。例えば、探究活動にて、あるグループが劇の練習をしている際、ある子に「今の演技、百点満点で何点になりそうかな」と問います。もし、「六〇点」と答えたら「あと五点増やすにはどうすればいいかな」とか「百点ってどんな感じだろうね」など「問い」を広げていくことができます。

「架空設定」は「もし○○だったら」と架空の設定で想像を促す方法です。例えば、小学校一年生において「つかむ」で授業中に保健室に静かに移動するという共有をしましたが、実際にはなかなかうまくできない状況の時に「もし、忍者だったら、どんな歩き方をすると思いますか」とか「もし、六年生だったら保健室までどんな感じで歩くかな」などと問うてみます。これは、創作活動などでも活用できて、「もし大工さんだったら～」「もし社長だったら～」のように尋ねるだけで、子どもたちの様子が一変するときがあります。

「そもそも」は「当たり前」すぎてともすると話し合いのテーマ等に上がらないかもしれない内容をあえて考えてもらう方法です。先程の保健室移動に関すれば、「そもそも保健室に静かに移動しなければならないのはどうしてだろう」と問うわけです。この場合、自分から静かに移動する理由を考えることになります。自分なりの気付きを得て自ら静かに移動するようになることがあります。例えば、行事などで「学習発表会を成功させる」のようなかけ声が聞かれるときがあります。なんとなくその場にいる子や目的を失っている子を見かけた時に「そもそも、学習発表会を成功させるってどういうことなのかな」と問うてみると新たな価値や意義を見出していきいきと活動を始める子を見ることがあります。

以上のように、「活動する」は存分に「E：エンゲージメント」を高めて、フロー状態になれるように、また持続できるように配慮することが大切です。特にこちらから働きかけなくてもフローの状態になっている時は見守ったり、「P：ポジティブ感情」が増加するような声かけをしたりします。うまく進めていないと感じた時には「足場かけ」を意識した「問い」をきっかけに子どもたちの主体性が発揮できるように促します。

ふり返る

「ふり返る」は「つかむ」「活動する」「ふり返る」という一連の流れの最後にくるものです。教師主導の活動では、主に「まとめる」としていた内容です。学習者を主語としたものが「ふり返る」です。ファシリテーターが必要とされるワークショップ（参加者の主体性を重視した体験的な学びの講座）において、最も大切な時間が「ふり返る」であると公言する方もいます。「ふり返る」ために「活動する」があるのだと言う方もいます。「活動して終わり」にしてしまうと、活動した体験の記憶は残るかもしれませんが、それだけです。今後の生活に生かすための「学び」を得るために「ふり返る」ことが大切になります。

ポジティブ心理学の「PERMA理論」で考えると、「つかむ」段階での「M：意味・意義」づけのもと「活動する」段階を通して「A：達成」（の程度）を実感したことを「ふり返る」ということになります。ポジティブ心理学から見た「学び」の姿と言えると考えます。

他に「P：ポジティブ感情」と「E：エンゲージメント」の興味深い関係性から「ふり返る」の必要性を知ることができます。セリグマンはポジティブ感情とエンゲージメントの関係を次のように説明します[20]。

快あるいは快の要素として、楽しみ、恍惚感、心地よさ、温かさなど、ポジティブ感情は主観的ウェルビーイングの変数をすべて包括している。だが、忘れないでほしい。フロー状態の最中は、通常、思考や感情は存在しておらず、回想においてのみ「あれは楽しかった」とか「あれは素晴らしかった」と言うのだ。快の主観的な状態が今現在にあるのに対して、エンゲージメントの主観的な状態は回想的、すなわち過去にしか存在しない。

ポジティブ感情とエンゲージメントはどちらも主観的なものですが、ポジティブ感情が「快」を

「今、自分はめちゃくちゃ楽しんでいる」や「明日からのこれこれが楽しみだなぁ」などと現在進行形や未来への思いで実感することに対して、フローを通過したエンゲージメントは「快」を「夢中になりすぎてしまい、いつの間にかこんなに時間が過ぎていた」などと終わってから、つまり過去の経験として実感するということになります。フロー状態の場合、「快」の最中は主観がどこかに飛んでいってしまっているわけです。このようなことからポジティブ感情とエンゲージメントは、表裏の関係ということも言えます。そういう意味でPERMA理論には「P：ポジティブ感情」と「E：エンゲージメント」の二つが欠かせないわけです。

「活動する」で熱中し夢中になって（エンゲージメントが発動して）、フロー状態になっていたら、その状態を回想する時間が必要です。「あれは楽しかった」とか「あれは素晴らしかった」と「気づく」時間が必要です。この時間がなかったらせっかくのフロー体験がたいへんもったいないものになります。だからこその「ふり返り」です。

ここまでの「ふり返り」をまとめると「学び」の観点からは「M：意味・意義」をもとに「A：達成」の状態を確かめることができるという意味から重視され、「E：エンゲージメント」の「気づき」の観点からは「フロー状態を回想する」という意味から重視されることになると言えます。

具体的にどのように「ふり返る」ようにすればよいのでしょうか。「気づき・学び」を最大化することが「ふり返る」時間の最も大切なことと考えますが、石川一喜らは「ジョハリの窓」を用いてわかりやすく説明しています[21]（図12）。

図12：ジョハリの窓

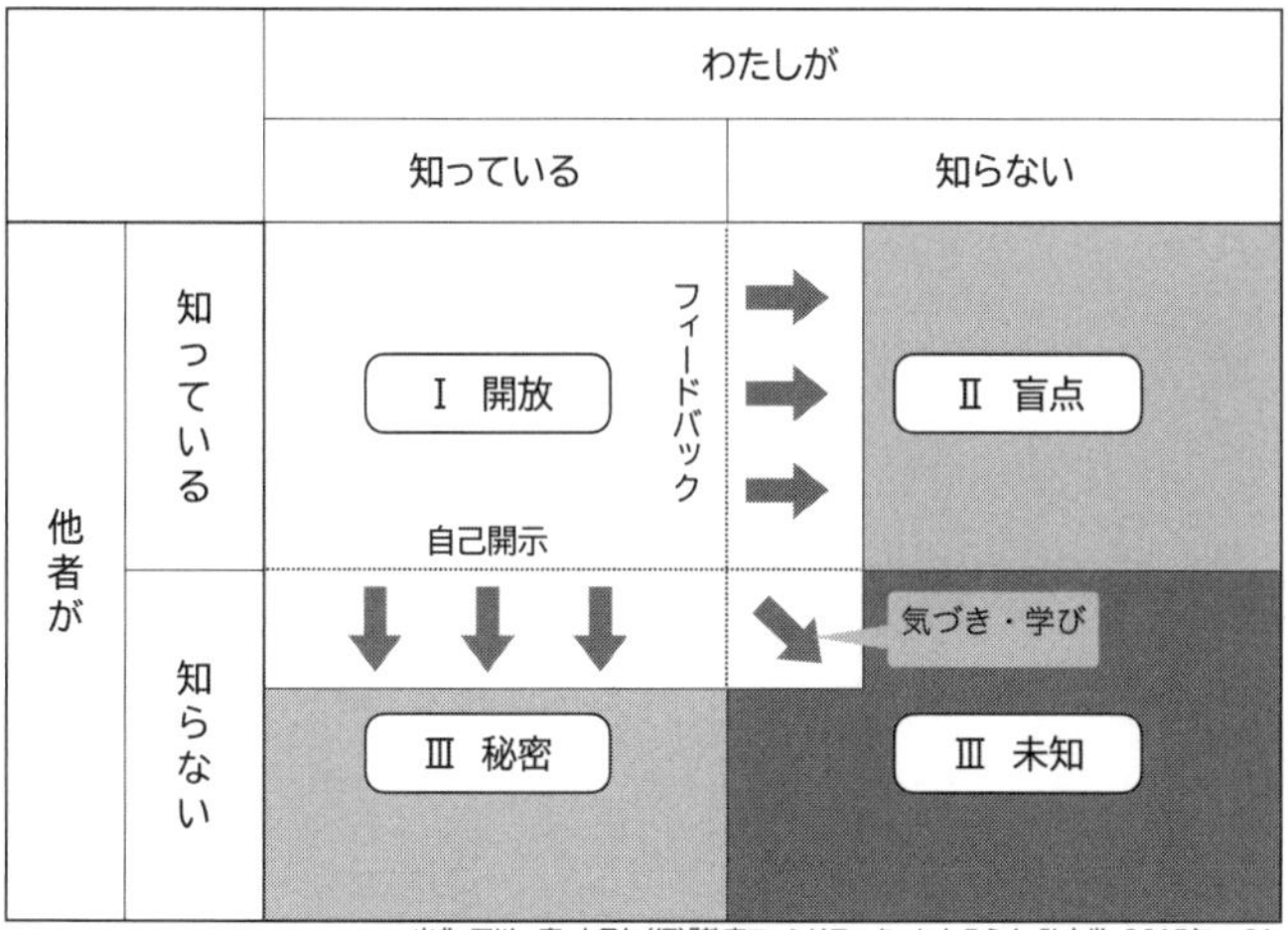

出典：石川一喜・小貫仁（編）『教育ファシリテーターになろう！』弘文堂、2015年、p21

「ジョハリの窓」とは一九五五年にサンフランシスコ州立大学の心理学者ジョセフ・ルフトとハリー・インガムが発表した「対人関係における気づきのグラフモデル」のことです。後に二人の名前を組み合わせて「ジョハリの窓」と呼ばれることになりました。心理学モデルの一つで「自分から見た自分」と「他者から見た自分」の情報を切り分けることにより自己分析をしたり、円滑なコミュニケーションのヒントを得たりします。

「わたし」から見て「自分は知っていること（特性）」と「自分は知らないこと（特性）」に分けられます。「他者」から「わたし」を見て、「他者が知っているわたしのこと（特性）」と「他者が知らないわたしのこと（特性）」に大きく分けることができます。その結果、四つの領域ができます。これを「窓」にたとえて考察するので「ジョハリの窓」と言っているようです。できあがる四つの領域は次のように説明されることが多いです。

●開放→自分も、他者もよく知っている領域
例えば、自他ともに理解している性格など
●秘密→自分は知っているが、相手には隠している領域
例えば、コンプレックスやトラウマなどもここに入る
●盲点→他者は知っているが、自分は気づいていない領域
例えば、個人の思考の癖や思わぬ長所など
●未知→自分も、相手も知らない領域
例えば、秘められた性格や才能などもここに入る

この「ジョハリの窓」を用いて、石川一喜らは参加型学習の基本を見出すことができるとして次のように説明します。[22]

この図の中の第Ⅰ象限「開放」を大きくしていくということは、第Ⅱ象限「盲点」側と第Ⅲ象限「秘密」側に押し広げていくということであり、それは前者が他者からフィードバックをもらうことであり、後者はより自己開示していくことを意味している。その二つの行為があってはじめて第

Ⅳ象限「未知」に食い込んでいくことになり、つまり、その分の変化が「気づき・学び」とされるのである。

「気づき・学び」を最大化していくというのは、この図が示す通り、フィードバック（他者からの意見・発言）と自己開示（自身の意見・発言）をできるだけ編み合わせていくということであり、それこそがファシリテーションであり、ファシリテーターの大事な役割と言えるのである。

端的にまとめてしまえば、「開放」の面積を広げて「未知」部分に食い込むところが「気づき・学び」となり、「開放」の面積を広げるには自分から「自己開示」を行い、他者から「フィードバック」をもらうようにすればよいということになります。ここでは、自分だけで完結せず、他者と関わることが大切になるという意味において、ＰＥＲＭＡ理論の「Ｒ：関係性」が関わってきます。具体的に「ふり返る」場面では、「自己開示」と「フィードバック」を促すような活動を取り入れるとよいでしょう。それは、文章に書いてコメントをもらうことかもしれません。絵に描いてシールをもらうことかもしれません。身体表現をして身体表現で返してもらうことかもしれません。いずれにしても「学びのモデルサイクル」や「学びのモデル」に照合し、「目標と学習と評価の一体化」に整合性のある「ふり返る」活動を行えばよいと考えます。私は一般には第三章で紹介するちょんが開発した「質問の技カード」を用いたオープンクエスチョンを応用すれば、日常的に「自己開示」と「フィードバック」を通した「気づき・学び」ができると考えています。

以上のように、「ふり返る」は、「R：関係性」を生かして、「自己開示」と「フィードバック」を編み合わせながら、「E：エンゲージメント」を回想する「気づき」や「M：意味・意義」のもと活動して獲得した「A：達成」としての「学び」を促し、心地よく「学びのモデル」を繰り返すことを目指します。この繰り返しが持続可能な幸福（ウェルビーイング）へと結びついていくように意識します。

本章は、「学びのモデル」を詳細に説明することで、「ウェルビーイング（になる仕組み）で教える」という意味を伝えようと試みました。私は授業、行事、日常的な諸々の場面で大なり小なりこの「学びのモデル」を応用して適用することが「ウェルビーイングで教える」ことになり、子どもたちに無意識に身についていけばうれしいなと考えています。ぜひ、みなさまも取り入れてみてください。

第三章は、「ウェルビーイング（になる仕組み）を教える」です。具体的な場面や方法を紹介していきます。みなさんに適材適所でご活用いただきたいと思います。

【文献】

（1）上條晴夫（編）『教科横断的な資質・能力を育てるアクティブ・ラーニング［小学校］主体的・協働的に学ぶ授業プラン』図書文化、二〇一五年、二八頁

（2）Edmondson, A. (1999). Psychological safety and learning behavior in work teams. *Administrative science quarterly*. 44(2). pp.350-383.

（3）ピョートル・フェリクス・グジバチ『心理的安全性 最強の教科書』東洋経済新報社、二〇二三年、二四頁

（4）ピョートル・フェリクス・グジバチ『心理的安全性 最強の教科書』東洋経済新報社、二〇二三年、二五～二二六頁

（5）石井遼介『心理的安全性のつくりかた』日本能率協会マネジメントセンター、二〇二〇年、四九頁

（6）エイミー・C・エドモンドソン（著）野津智子（訳）『恐れのない組織―「心理的安全性」が学習・イノベーション・成長をもたらす』解説、英治出版、二〇二一年、二七二頁

（7）篠田真貴子「心理的安全性を高める「聞く」と「聴く」の違い、わかりますか?」UNITE powered by Unipos. https://unite.unipos.co.jp/837/?utm_source=nurturinghmail

（8）石井遼介『心理的安全性のつくりかた』日本能率協会マネジメントセンター、二〇二〇年、三四頁

（9）甲斐崎博史『クラス全員がひとつになる学級ゲーム&エクササイズ１００』ナツメ社、二〇一三年、一九頁

（10）中野明『ポジティブ心理学の教科書』アルテ、二〇二四年、一一四～一一八頁

（11）堀公俊『ファシリテーション入門 第二版』日経文庫、二〇一八年、六三頁

（12）堀公俊『ファシリテーション入門 第二版』日経文庫、二〇一八年、六二頁

（13）阿部隆幸・ちょんせいこ（編著）『学級経営がうまくいくファシリテーション』学事出版、二〇二三年、

二九〜三〇頁
(14) 河野麻沙美「足場かけ」大島純・千代西尾祐司(編著)『主体的・対話的で深い学びに導く学習科学ガイドブック』北大路書房、二〇一九年、一六〇頁
(15) R・K・ソーヤー(編)『学習科学ハンドブック[第二版]』北大路書房、二〇一六年、七頁
(16) 安斎勇樹・塩瀬隆之『問いのデザイン:創造的対話のファシリテーション』学芸出版社、二〇二〇年、四三頁
(17) 今井聖「学校教育における〈教授〉-〈学習〉-〈評価〉に関する一考察−理論的位置づけと実践上の課題」『神奈川大学心理・教育研究論集』第四七号、神奈川大学教職課程研究室、二〇二〇年、一一三〜一二五頁
(18) 堀公俊『ファシリテーション入門 第二版』日経文庫、二〇一八年、一一三頁
(19) 安斎勇樹・塩瀬隆之『問いのデザイン:創造的対話のファシリテーション』学芸出版社、二〇二〇年、一五三頁〜一五七頁
(20) マーティン・セリグマン(著)宇野かおり(監訳)『ポジティブ心理学の挑戦』ディスカヴァー・トゥエンティワン、二〇一四年、三四〜三五頁
(21) 石川一喜・小貫仁(編)『教育ファシリテーターになろう!』弘文堂、二〇一五年、二一頁
(22) 石川一喜・小貫仁(編)『教育ファシリテーターになろう!』弘文堂、二〇一五年、二一頁

第三章　進め方（術）

第二章では、「学びのサイクル」と「学びのモデル」を通して、日常的に「ウェルビーイング（になる仕組み）で教える」ことができる考え方をみなさんに提案しました。第三章では、その都度、場面ごとに用いることができる「ウェルビーイング（になる仕組み）を教える」技法やエクササイズを紹介します。

例えば、健康をテーマにした場合、第二章での「学びのサイクル」と「学びのモデル」が日常の健康生活を過ごしていくための全体的な考え方や方法だったのに対して、第三章での各技法やエクササイズは健康生活を過ごすための食生活の改善だったり、ダイエットの方法だったり、筋トレの方法だったり、ウォーキングの方法だったりを指します。ですから、どれもが皆必要というものでもなく、人によってどれかが必要ということになるでしょう。みなさんや子どもたち、そして学級集団の状況に合わせてうまく取り入れてください。

ＰＥＲＭＡ理論をもとにウェルビーイングに迫っていく方法やいくつか効果があると実証されて

いるものがありますが、まだ少ないと感じています。本書がきっかけになり、共に考える仲間が増えてくれることを願っています。

以後紹介する技法やエクササイズは、背景や意義、ウェルビーイングやPERMA理論との関係、実際の進め方など、ある程度同じフォーマットで紹介しています。教室内に取り込む時の参考にしてください。

ホワイトボード・ミーティング®「質問の技カード」を用いた「聴き合う」活動

〈背景〉

ホワイトボード・ミーティング®は参加者一人ひとりの意見が活かされる効率的・効果的な話し合いの方法を目指し、二〇〇三年にプロのファシリテーターであるちょんせいこが開発し、ビジネス、教育、医療、福祉、行政、ボランティア、プライベートなど多様な領域、多世代で活用されています。[1]「質問の技カード」[2]（図13）」を用いた聴き合う活動は、ホワイトボード・ミーティング®の様々な技法を成立させる核ともいうべき基礎技法です。このカードを使って対話活動をし続けることで、お互いに話したいことを話したいだけ話し合うことができるようになると共に、自分の話を否定せずしっかり聞いてもらえたという満足感を得て、その結果、相手に信頼感を感じるようになっていきます。「質問の技カード」を用いたやりとりができるようになれば、ペア活動やグループ活動でスムーズに話し合いを進行することができます。

図13：ホワイトボード・ミーティング®質問の技カード

9つのオープンクエスチョン	8つのあいづち
1. ～と言うと？	1. うんうん
2. どんな感じ？	2. なるほど，なるほど
3. 例えば？	3. わかる，わかる
4. もう少し詳しく教えてください	4. そうなんだぁ
5. 具体的にどんな感じ？	5. へぇ
6. どんなイメージ？	6. だよねぇ
7. エピソードを教えてください	7. それで，それで
8. なんでもいいですよ	8. そっかぁ
9. 他には？	

出典：阿部隆幸・ちょんせいこ『学級経営がうまくいくファシリテーション』学事出版、2023年、p32

〈意義〉

この活動には大きく二つの意義があります。

一つ目は、「心理的安全性」を担保するための「傾聴」を誰でも上手に行うことができることです。第二章で紹介した「学びのモデル」において「心理的安全性」が全体の下支えになると説明しました。今、様々なところで「心理的安全性」を確保するにはどうすればよいかという研究が行われていて、確実に明らかになっている一つが「傾聴」であることも説明しました。このエビデンスとして「高等なファシリテーション技術を用いずとも、〈単純に耳を傾ける〉という行為が心理的安全性を促進させる[3]」ことが明らかになったことも前章で紹介しています。しかしながら、もちろん技術はあった方が良いし、下手よりは上手な方が良いに決まっています。聞き手が「質問の技カード」に書かれた「9つのオープンクエスチョン」と「8つのあいづち」を順番通り繰り出すことで、第二章で紹介した「聴く（without Judgement）」ことができるようになります。

二つ目は、「自己開示」と「フィードバック」が無理なく行えることです。「学びのモデル」の「ふり返る」段階で目指す「気づき・学び」は「自己開示」と「フィードバック」を行うことで得られることは第二章で説明しました。人には得意不得意があります。「自己開示をしてみて」と言われてするするすると誰かが止めなければならないほどどんどん自己開示できる人もいれば、他者が緊張して唾を飲んで見つめてしまうくらい何も発せず自己開示できない人もいます。そのような時に「質問の技カード」を用いて聴かれるととても「自己開示」しやすくなります。自己開示をしてくれれば「フィードバック」はしやすくなります。自己開示の内容に共感してポジティブな感想を伝えてあげればよいのです。時々、どのようにフィードバックをしてよいのかわからないという質問を受けます。その場合は、カウンセリングや対話術などで言われる「くり返し」という技術を使います。「くり返し」とは自己開示をしてくれた内容を覚えたり、メモしたりして、「○○さんは、これこれ、こうだったんですねぇ〜」と相手が話してくれた内容をそのまま感想も価値付けもせずに返すだけのことです。これだけでも、自己開示した方からすれば「私の話をちゃんとしっかり聞いてもらえた」と感じて、とてもポジティブに受け止めてくれます。もちろん、「くり返し」の内容に一言、自分なりのポジティブな感想を加えてフィードバックができたらよりよいことでしょう。

〈PERMA理論との関係〉

ホワイトボード・ミーティング®「質問の技カード」を用いた「聴き合う」活動は、ペアやグループで活動することが前提となるので、PERMA理論の「R：関係性」が良好だからこそ「心理的安全性」が向上して、順調に「ふり返る」ことができて、良好な「R：関係性」がより促進されるという相互関係にあります。

また、第二章の「ふり返る」場面でも書いていますが、「自己開示」と「フィードバック」を編み合わせていくことで、活動中にフロー状態の「E：エンゲージメント」を回想して気づいたことを言葉にしたり、「つかむ」で共有した「M：意味・意義」を意識しながら活動を続けた結果の「A：達成」の状況を言葉にしたりすることができます。

「フィードバック」においては、基本、自分の自己開示を聞いてもらった上でのポジティブな感想や感情を返してもらうことになるので、ここに「P：ポジティブ感情」の向上が期待できます。

〈実際の進め方〉

「質問の技カード」を用いた「聴き合う」活動は、方向性として「心理的安全性の向上」と「ふり返る（自己開示+フィードバック）」を同時に満たすような活動になりますが、主にどちらを目指すかで「聴き合う」内容が異なってきます。例えば、「心理的安全性の向上」を主とするのなら「聴き合う」テーマは、日常生活や学校生活など「生活」に関わるものが多くなるでしょう。趣味とか夢中になること、強みなどを聴きあうのも良いかもしれません。「ふり返る」のであれば、これは「学びのモデル」、つまり「つかむ+活動する+ふり返る」の一連の流れの中での聴き合いになるので、「聴き合う」テーマは、その学びの目的や目標に関してどうだったかというものが多くなるでしょう。ここでは、「心理的安全性の向上」と「ふり返る」のどちらも同程度の割合で入るような「見学学習」から戻ってきたときを仮定して「実際の進め方」を紹介しましょう。

●つかむ

教師「見学学習、全員楽しく無事帰ってこられてよかったです。もう一度しおりを確認してください。ここには、目標、行程、注目してくることが書いてありましたね。ペアで声に出して読み上げて確認し合ってください。(全ペアが各々確認し終えるのを確認して)「質問の技カード」をもとに、本日の学びを振り返ります。まだ、みなさん慣れていないので全員でカードを読み上げてみましょう(ここでは、数回「質問の技カード」を使ったくらいの学級を想定しています。子どもたちが慣れるまでは教師が読んで、子どもがあとに続いて復唱する形をとるとよいです)。子では、「今日の見学学習、と言うと?」で始めます。二分間聴き続けます。その後、三〇秒で肯定的なフィードバックをしましょう。そして、役割を交代します。前やったときと同じ進め方だね。役割を決めましょう。じゃんけんで勝った人がはじめの質問者になりましょう。相手の深い思いを共感できたらうれしいので、エピソードまで丁寧に聴き合えるといいね。では、始めましょう。準備をしてください。はいどうぞ」

●活動する

Ａ「今日の見学学習、と言うと？」
Ｂ「汗ダクダクで匂いもすごかった」
Ａ「どんな感じ？」
Ｂ「働いている人はとても大変だなと感じた」
Ａ「例えば？」
Ｂ「夏の暑い中、働いている人は長袖だったでしょ。しかも、作業服。たぶん、厚い生地だよあれ」
Ａ「もう少し、詳しく教えて」
Ｂ「やってらんないよね、あれ。厚いマスクもしてたしね。ちょっと中の匂いを嗅いだらものすごかったじゃん」
Ａ「具体的にどんな感じ？」
Ｂ「なんというんだろ。むっときた。匂いというよりも、鼻がツーンとね。ずっとずっと残る感じ」
Ａ「どんなイメージ？」
Ｂ「前に、理科の実験でアンモニアの匂いをかいだのね、匂いというよりも鼻にきたのさ。アンモニアの匂いというわけじゃないんだけど、鼻にくるというので似てるかな」
Ａ「エピソードを教えてください」
Ｂ「もう、俺はたまんなかったんだけど、そこにいる働いている人は、本当はどうかわからないけど、平気でその場にいるし、一生懸命働いているわけ。しかも、俺達がきたからニコニコ笑ってくれていたし。なんか、すごいなと思った。自分がそこで働けるかというとわからんけど、でも、ああいう人達がいてくれるから自分たちの身の回りの生活がなりたっているんだし……」

A「……」

（二分間続けて、その後、聞き手、この場合はAさんが三〇秒の肯定的なフィードバックをします。そして、役割を交代します）

●ふり返る

教師「いい感じにふり返ることができたかな？　親指メーターを使って軽く振り返ってみましょう。親指を出してください。めちゃくちゃよかったという人は親指を上に、まぁ、よかった、普通かなという人は親指を横に、全然ダメだったという人は親指を下に向けてね。セーノ、ハイ！　おっ、今日の見学学習は学級としてはなかなかいい感じでふり返ることができたみたいですね。さっきのペアとハイタッチをしてこの時間は終わりましょう」

「三つの良いこと」でポジティブ感情を増やす

〈背景〉

「三つの良いこと」はポジティブ心理学を取り扱った書籍の多くに、エビデンスがあるエクササイズの一つとして紹介されています。例えば、小林正弥は次のように説明しています。(4)

よく知られているのは、セリグマンやクリストファー・ピーターソン（Christopher Peterson ミシガン大学、二〇一二年没）が実験して効果を実証した「三つの良いこと」というエクササイズだ。

寝る前にその日を振り返り、自分にとって良いことを三つ考えて書きとめ、そこで自分が果たした役割を考える。それを一週間にわたり、毎晩行う。

実験の結果、このエクササイズの実施から六ヵ月にわたって幸福感が増し、抑うつが軽減することがわかった。さらにその期間を超えて自発的にエクササイズを続けると、効果の方もさらに長期間にわたって持続することまで確認されている。ただし一〇個書くように指示したり、朝に書くように指示したりすると、さほどの効果が出ない。他の学者の検証によっても、やり過ぎはよくないことが判明している。

一日の始まり（朝）よりも、一日の終わりに行うと効果が高いということが興味深いです。中野は心理学者で行動経済学者でもあるダニエル・カーネマンが提唱したピークエンドの法則から説明できるとしています。ピークエンドの法則とは、記憶に基づく評価は、ピーク時と終了時の経験の平均で決まるとする法則です。中野は次のように説明しています。(5)

朝起きて夜寝るまで、良いことや悪いことも含めて私たちはさまざまな経験をします。そして一日の終わりでその日にあった良かったことについて考えることは、考えないでいるよりも幸福感が高まるはずです。その結果、良いことがあった時の感情（ピーク時の経験）と、一日の終わりに三つの良いことを記している時の感情（終了時の経験）の平均は、より幸福度が高くなると考えられます。

「三つの良いこと」に似たエクササイズに「感謝日記」があります。小林は次のように紹介しています。(6)

感謝の気持ちを感じたできごとを五つ日記の形で書き記すということを、週に一回、一〇週間にわたって続ける。

この「感謝」が幸福度や健康状態に良い影響を与えることは、心理学者ロバート・A・エモンズ（Robert A. Emmons カリフォルニア大学）によって明らかにされた。

エモンズは三つのグループを作り、第一グループの参加者には感謝を感じるように勧め、第二グループには否定的な愚痴をこぼすように勧め、第三グループには何も勧めないという対照実験を行った。各グループには一〇週間にわたり毎週、それぞれ前の週に体験した「感謝したこと」「煩わしいこと」「自分たちに影響を与えた出来事や環境」を五つずつ書くという課題を与えた。そのうえでエモンズは、各グループの幸福度や身体的な健康状態を調べている。結果、第一グループと他のグループの間には、幸福感と健康状態に明確な差が生じたということです。しかも、半年後の調査でも第一グループの幸福感は他グループに比べて高かったということです。

〈意義〉

多くの学校や学級で、一日のふり返りや翌日の連絡のために「帰りの会」を設けていると思います。ここに「三つの良いこと」もしくは「感謝日記」のような活動を取り入れてみるとよいでしょう。帰りの会では、教師の連絡以外に何らかの活動を設けていることが多いと思います。その時、なんとなく一日のふり返りとして「書く活動」や「話す活動」を取り入れているだけということはありませんか。その際、ウェルビーイングへの目的を持ち、効果があるであろうことを期待して「三つの良いこと」や「感謝日記」のような活動を進めると子どもたちの感情がよりよく変化する可能性があります。

〈ＰＥＲＭＡ理論との関係〉

直接的に「Ｐ：ポジティブ感情」の向上が期待できます。

〈実際の進め方〉

ここでは「三つの良いこと」をもとにした進め方を提案します。「良いこと帳」などと称したノートを各自に一冊ずつ用意します。

●つかむ

教師「これから、帰りの会で毎回「良いこと帳」に、その日の「うまくいった出来事」か「うれしかった出来事」か「よかった出来事」を三つ書き残していきます。できれば、そこに「なぜそうなったのか」「自分にとってどんな意味があるのか」「将来、このよいことを増やすにはどうすればよいか」なども書き足すことができたら、書いてみてください。これを続けることでみなさんの心の中のワクワク感が増えたり、学級みんなの笑顔が増えたりすることを期待しています。ぜひ、みなさんと楽しい生活をしたいので「良いこと帳」のチャレンジをしてみましょう。例えば、書き方の例です。「給食で苦手なミニトマトが出たけど全部食べられた」「みんながnext がんばれと応援してくれたから」「逆上がりができた」「何にでもコツがある。コツを見つければいい」などです。質問はありますか。では、始めてください」

学年や子どもたちの状況にもよりますが、最初は言葉で伝わりにくいかもしれません。その時は可視化を用います。ノートをイメージして大きな掲示物を作成してそれを指し示したり、見本例を印刷して配布したり、ICT環境が整備されている時は、クラウド等で見本を子どもたちと共有したりしながら説明すると直接的なイメージが持てて子どもたちは進めやすくなるでしょう。

●活動する

子どもたちは各自、今日一日を思い出しながらノートに書き出していることでしょう。教師であるみなさんは、にこにこしながら子どもたちの邪魔にならないように教室を巡回すればよいでしょう。もし、鉛筆が動かず助けを求めている雰囲気を察知したら「問い」を投げかけて、子どもたちの主体性を促すようにしてみてください。

●ふり返る

教師「隣の人に、今日書いた中の一つ、紹介できるものを紹介してみましょう。もし、どれも紹介しにくい時は、ごめんなさい、今日は紹介できるものがありません、と伝えます。そういうときもありますよね。紹介してもらったら、「話してくれてありがとう。とってもがんばったんだね」とか「話してくれてありがとう。すごいなと思うよ」とか勇気づける感想を伝えてみましょう。はいどうぞ」

毎朝「チャレンジ宣言」をして「前向きな心」を高める

〈背景〉

矢野和男は、ネブラスカ大学名誉教授のフレッド・ルーサンスの「心の資本」と「前向きな心」を結びつけて、高めることの大切さを説いています。「心の資本」とその明らかにされた背景は次のとおりです。(7)

ルーサンス教授らは、既に学界で研究されていた個人や組織の好ましい状態を数値化するさまざまなものさし、あるいは尺度のなかに、訓練や介入によって高められ、幸せと生産性にポジティブな影響を持ち、学術的にデータで検証済みの尺度を見出す研究を推進した。このために、経営学や心理学において研究されてきたさまざまな概念や尺度を網羅的に調べたのである。

この結果、持続的で学習可能な幸せを表す重要な尺度が、既に複数、見出されており、それが以下の四つの力であることを明らかにした。

第一の力　ホープ（Hope）自ら進む道を見つける力

第二の力　エフィカシー（Efficacy）現実を受けとめて行動を起こす力

第三の力　レジリエンス（Resilience）困難に立ち向かう力

第四の力　オプティミズム（Optimism）前向きな物語を生み出す力

この四つをあわせて「心の資本」と呼び、頭文字をとってＨＥＲＯとも呼びます。矢野は心の資本が低い組織に向けてアプリを開発し提供しています。そのアプリと使い方は次のようです(8)。

このアプリは、ユーザーに毎朝「チャレンジ宣言」を行うよう通知で促す。ここで、チャレンジ宣言とは、「その日に前向きに挑戦すること」を、アプリ上に提示されたメニューから選択し、コメントをつけて他のメンバーと共有することである。チャレンジ宣言としては、たとえば「今日一番の仕事はこれです」や「協力者と互いに助け合います」など、対象となる組織のミッションや方針に沿って「心の資本」を高めるためのメニューを予め設定する。ここで行ったチャレンジ宣言は、アプリのタイムライン上で他のメンバーに共有される。基本は、これだけである。これに要する時間は、一日一分程度である。なお、ユーザーのインセンティブを高めるためにこのチャレンジ宣言を行うごとにポイントが加算され、それに応じて個人のレベル表示が上昇していくゲーミフィケーションの仕組みも組み込まれている。

驚くべきことに、このちょっとしたことでも、人の前向きな心を大きく変えたのである。たった三週間この一日一分の処方を行うだけで「心の資本」が三三％も向上した（全体の標準偏差を一〇〇％とする相対値である）

一見、アプリを開発したり、企業での実験だったりと高等なことをしているように見えてしまいますが、内容はとても簡単です。毎朝、自分が所属している組織に向けて「その日に前向きに挑戦すること」を共有し合うだけのことです。学校であれば、朝の会で互いに口頭で伝え合えばいいだけですし、日常的にＩＣＴを使いこなしている環境で記録に残したり可視化したりしたい場合は、校内のクラウドに雛形を作っておいてそこに書き込むようにすれば、矢野が紹介した実践と近似になります。

「三つの良いこと」のように出来事（過去）をふり返る場合は一日の終末がよくて、「挑戦すること」のように未来を語る場合は一日の始まりがよいことが実証されていることが興味深いです。

〈意義〉

一日一分程度の行為で、前向きな心（心の資本）が向上するのでしたら、ぜひ取り組みたいです。進め方も、組織内のメンバーに宣言するだけですから、特段準備を必要とせずすぐに行えます。日常的に継続して行えるコツの一つに単純で簡単で効果が感じられることがあると思います。

〈PERMA理論との関係〉

「幸せと生産性にポジティブな影響」をもつ尺度を整理し、導き出したHOPEは、そのどれもが名前通り「前向きな心」を生み出してくれそうです。「P：ポジティブ感情」に大きく関連します。

〈実際の進め方〉

毎朝、朝の会で進めようと考えたとした場合の実際の進め方例です。

●つかむ

教師「今日から、毎朝、朝の会で班のみんなに『チャレンジ宣言』をしてもらうことにします。これは、その日に前向きに取り組みたいことを班のみんなに宣言する活動です。例えば、「今日、給食のメニューに自分の苦手なトマトが出てくるようですが、がんばって全部食べます」とか「今日の体育で五〇m走の記録を取ると先生が言っていたのでベスト記録を目指します」とか「好きな音楽がある日なので、歌を歌う時は気持ちよく歌うようにします」とかです。このように、自分で楽しんで挑戦することをみんなに宣言することを続けるだけで、前向きな心が生まれて幸福感が高まったり、ハッピーになると報告があります。みんなが幸せになることを願って行うことにします。進め方は、①自分の心でみんなにどんなことを宣言するか考えます。②（くじを引いて）班番号二番の人から、班のみんなにチャレンジ宣言をします。③みんなは、発表を聞くたびに拍手や「がんばれ」などの応援をします。質問がなければ一分後にはじめます。自分が何をチャレンジ宣言するか考えてください」

「班番号」ですが、教師の意図ではなく偶然性で指名されたことがわかるように、私は指名にはくじを多用することを勧めています。各班で一～四（四人班の場合）の番号を割り振っておく仕組みです。

●活動する

A「班番号二番からだったね。じゃあ、Bさんからだ。どうぞ」

B「うん、えっと、今日、漢字テストあるから、九〇点取れるようにがんばります」

拍手

C「おおっ、がんばれ～」

A「じゃ、Cさん」

教師は、教室内を巡回して、子どもたちと喜んだり応援したりします。その中で、なかなか言い出せない子などを見つけたら、まずは子どもたち同士の力（班内のやりとり）を見守りましょう。困っている状況を見つけた時、すぐに教師が介入するのではなく、子どもたち同士の力で前に進めることができれば子どもたちの力になります。その後、教師ががんばったことを認めたり、励ましたりできれば子どもたちは自信になります。

●ふり返る

教師「じゃあ、互いにがんばろうぜという意味を込めて、班のみんなとグータッチをしましょう」

朝の会の短い時間に行っている活動ですので「ふり返る」を長く行えません。さっと終わることができて、互いに励ましあえて、班の活動の様子をある程度把握できるような活動を取り入れましょう。グータッチのような短い活動でも、元気に各自が全員と楽しくやれている場合は活動が楽しくできたことが予想できます。そう見えない時、各自の様子や班員同士の関係性の観察をして、今後の活動に生かすことができます

「セイバリング」で「ポジティブ感情」を味わい、幸福感に浸る

〈背景〉

「三つの良いこと」同様、複数のポジティブ心理学関連の本で紹介されていて効果が保証されているエクササイズが「セイバリング」です。savoringというスペルなので「セーヴァリング」と

紹介している本もあります。日本語で「玩味」または「満喫」と訳している方もいます。中野はセイバリングを次のように説明します[9]。

遭遇した嬉しい出来事、良かったことについて、立ち止まって現在を深く味わうことを「セイバリング」と呼びます。このセイバリングも私たちをポジティブにしてくれることが科学的にわかっています。（略）

セイバリングでは、自分の喜びを他人と共有することで、喜びがさらに拡大すると考えられています。

ポジティブな感情そのものをじっくりゆっくりと時間をかけて味わうことです。小林はフレッド・ブライアントとジョセフ・ベロフが研究成果として発表したセイバリングに至る基本的な方法を次のようにまとめて紹介しています[10]。

簡単にまとめると〈あくせくせず、ゆっくりする〉〈自分のしていることに注意を振り向けてみる〉〈自分の経験を総動員してその経験を味わう〉〈その経験を大きく伸ばす〉〈感じた喜びをじっくりとかみしめる〉という風に整理できる。

板生研一は、フレッド・ブライアントの研究をまとめて、セイバリングには三つのタイプがあることを紹介しています[11]。

セイバリングには主に三つのタイプがあります。一つ目は、未来に期待することです。近い将来に予定している楽しいことに対して、ポジティブな出来事が起こるのを期待することです（例えば、来週見にいく映画を楽しみにする）。二つ目は、現在に浸ることです。現在のポジティブな体験に浸り、それを長く味わうことです（例えば、顧客からの感謝の言葉を噛みしめる）。そうすることで、そのポジティブな体験が強い記憶として刻まれます。三つ目は、過去を思い出すことです。過去のポジティブな体験の記憶を呼び起こして、再び、ポジティブな感情を味わうことです（例えば、先週上司から褒められたことを思い出す）

最近、ますます時間の進みが早くなってきているように思います。日常に流されてしまっていては幸福感を感じることができません。多忙感に埋没している日常から抜け出し、意識してセイバリングの時間を確保する必要があります。沖夏野はセイバリングのポイントは次の三つであると説明します[12]。

①慣れるまでは、意識して、一日少なくとも一回はセイバリングの対象を見つけて味わう。

②その時間、味わうことに集中する。テレビをみながら、スマホをみながら、という「ながら活動」はしない。

③セイバリングの対象は大げさな事でなくてよい。日常の中の小さな出来事で十分。

〈意義〉

私たちの生活同様、子どもたちの生活も多忙です。登校すると時間割でコントロールされて自由な時間はほぼありません。放課後も塾や習い事、スポーツ少年団、スポーツクラブなどに分刻みで予定が入っている子どもたちが多く存在します。また、隙間時間などが確保できても、スマホいじりやゲームなどの活動に自動的に取り掛かってしまうような癖を身につけてしまっている子どもたちを多く散見します。こちらで意識して時間を確保して、セイバリングを促すだけでも子どもたちの感情に変化が生じる可能性があります。

具体的な場面としては大きく二つ考えられるでしょう。

一つ目は、一日の時程に数分のセイバリングタイムを設けることです。この時は、未来を期待したり、現在に浸ったり、過去を思い出したりして、出来事を満喫するように促します。

二つ目は、全員が共通に体験した行事などの出来事が終わったばかりのときにみんなでセイバリングを味わうことです。

セイバリングを意識して行っている人は少ないことでしょう。マインドフルネス（瞑想）の進め方が参考になると考えます。日本的に言えば、禅を組む感じです。マインドフルネスや禅は、あえて意識下に気持ちを集中して頭から思考を追い出すようにするのかもしれません。それでもよいですがセイバリングの場合、前述の通り未来や過去や今の楽しいことをじっくり想起するようにしてみます。

〈PERMA理論との関係〉

これからの事も含め、自分が「うれしい」「楽しい」「素晴らしい」などと思っていることを想起してじっくり味わうわけですから「P：ポジティブ感情」に浸ることを意味します。また、その瞬間では味わうことができない「E：エンゲージメント」の状態を回想して「P：ポジティブ感情」に浸ることもできるでしょう。

〈実際の進め方〉

一日に一回、意図的にみんなでセイバリングができる時間を探してみたところ、給食の終わり、「ごちそうさま」をする前に確保できることがわかったという設定で進めます。

●つかむ

教師「私たちは、うれしいことや楽しいこと、きれいだなぁ、美しいなぁと思うことをじっくり時間をかけて味わうと幸福感が増すと言われています。みなさんには、ぜひとも幸せな人生を歩んでほしいと思っているので、これから一日一回、ごちそうさまをする前に、うれしい、楽しい、素晴らしい、などに浸れる対象を考えたり、見つめたりしながら一分ほど静かに過ごしてみたいと思います。思い思いの姿勢で、目線で表情で一分ほど過ごしてください。その後、どんな楽しいことを考えていたのか隣の人と共有してもらいます。うれしいことって、そんなに大げさに考えなくていいんだよ。例えば、昼食の目玉焼きとっても美味しかったなぁって、その形や匂いや味を思い出すだけで十分だし、なんか、今日天気が良くてすっきりしてて小鳥の声が元気に聞こえてて気持ちいいというのでも十分なんです」

実際は、突然このように進めるよりも、多くの子どもたちがポジティブな感情を抱くような活動、例えば、校外学習とか鑑賞教室とか体験教室をした後に一度、セイバリングの体験をしておくと、「あの時行ったことを毎日、昼食後に行いますよ」だけで通じます。

●活動する

思い思いの姿勢で、目線で表情で一分間過ごすことを促します。一分たったら静かに終わりを告げます。

●ふり返る

時間が持てない場合は隣同士どんな「うれしいこと」や「楽しいこと」を考えたのかを手短に伝え合ってハイタッチをして終わりということでもよいでしょう。「自分の喜びを他人と共有することで、喜びがさらに拡大する」と考えられているからです。時間がある時は、「質問の技カード」

を用いたペアコミュニケーションをここで活用してみてください。「今、頭に思い描いていたことというと?」という問いから始めてみるとよいです。

「紙皿のワーク」を用いて強みを生かしていこうとする気持ちを育てる

〈背景〉

村井尚子は、教師教育学としてのリフレクション研究の第一人者としてALACTモデルなどを提唱しているコルトハーヘンの考えをもとに「紙皿のワーク」を紹介しています。次の文章でコルトハーヘンとポジティブ心理学との関わりを紹介しています[13]。

コルトハーヘン(Fred A. J. Korthagen)は、教師が自分自身の強みに気づき、その強みを発揮しながら子どもとかかわっていくことの重要性を指摘するのですが、従来のリフレクションは、「失敗したこと、反省すべきこと」に焦点をあてたものとなりがちで、人はそこから多くを学べるわけではないと彼は言います。そして、アメリカ心理学会の元会長であるマーティン・セリグマン(Martin E. P. Seligman)が提唱したポジティブ心理学の考え方を導入し、自分の強みを生かしてポジティブにかかわっていくことが大切だと主張します。

ここから、リフレクション研究を進める中で、ポジティブ心理学の考え方、特に「強みを生かすこと」が大切であるという考えを取り入れます。コルトハーヘンは人それぞれの「強み」の中核を「コア・クオリティ」と呼びます。(14)

「コア」とは、言葉通り、「核心・中核」という意味です。ひとの核心・中核には、ダイヤモンドのように輝く〈強み〉がある、という思想が根底にあります。コルトハーヘンは、この〈強み〉である「コア」を、〈コア・クオリティ〉という言葉で表現します。そして、リフレクションを促す・促される関係の中で、他者とともに互いの〈コア・クオリティ〉を探ることが推奨されます。

具体的に「コア・クオリティ」とはどういうものを指すのでしょうか。例として「創造性豊か」「公正さ」「正確さ」「寛容さ」「粘り強さ」「熱意」「気配り」「ユーモア」「一生懸命」などが挙げられます。一言で言えば、その人らしさと言えるでしょう。ですから、初対面の人であってもその人から醸し出される雰囲気や印象からその人がどのようなコア・クオリティを備えているかはある程度予想ができると言います。「サッカーのリフティングが得意」とか「ピアノが上手」というのは見た感じではわかりません。また、その人らしさというよりは練習などによって身につけられるものです。これらはコンピテンシーであり、コア・クオリティと区別されます。

このコア・クオリティや成功体験に焦点を当てたリフレクションとして「コア・リフレクション」が開発、提唱されるようになります。村井が紹介している「紙皿のワーク」もこの流れの一つです。

コルトハーヘンと共にコア・リフレクションを研究実践しているジョアン・ロウ＝スミスらによって教員養成課程の授業で用いられていたものを基に考案したと村井は説明しています[15]。

〈意義〉

子どもたち同士、自身の強みを再確認したり、自身では気づかなかった強みを教えてもらえたりします。互いの良さを認め合ったり、勇気づけ合ったりする声かけなどを日常的にできる教室環境づくりをしていくべきですが、この活動のように時間をかけてじっくりと自分の強み、友達の強みに目を向けて考えてみるということは意識して時間を確保しないとなかなかできることではありません。これらの活動を通して自尊心や友人への尊敬の念が高まることが期待でき、とても意味がある活動と考えます。

〈PERMA理論との関係〉

ここでは、再度、中野の言葉を繰り返しておきます[16]。

人は強みを活かすことで、物事に「E：没入」し、大きな「A：達成」を手にします。また、達成した成果から「M：意味・意義」見出し、これがさらに強みを活かす原動力になります。こうして人は他人から差別化された確固たる人物として、他者とより良い「R：関係性」を結べるようになります。

このエクササイズは、強みを活かす活動ではありませんが、強みを発見、または再確認する時間となります。あまり表立って自身の強みを堂々とやりとりすることを好まない日本人にとって、学校の授業の一環として時間を確保して取り扱えば「授業だから、やってみますか」という形で受け入れやすいと考えます。

〈実際の進め方〉

詳しくは、村井の文章を参照してください。[17] ここでは、村井の文章を参考に、かつ「学びのモデル」での進め方にした形で紹介します。このエクササイズを進めるにあたり、コア・クオリティとは何かということを共有しておくことが前提になります。

●つかむ

準備物として「できるだけ平たく、油性ペンで書き込みできる直径一八センチメートルほどで、上部をパンチで穴を開けた紙皿を人数分」「様々な色の油性ペン」「適当な長さに切ったリボンを人数分（後で紙皿の穴に入れて吊るすために利用します）」が必要です。

七～十人の班にしておくこと（多過ぎず、少な過ぎずが良いということです）

教師「自分のコア・クオリティ、友達のコア・クオリティを見つけあったり、確かめ合ったりする活動をします。自分の強みを見つめたり、友達の強みを確認したりすることは、これから大切だと言われているお互いの違いを認め多様性を生かしていく社会においてとても大切なことだからです。ぜひ、しっかり自分を見つめた活動や友達を見つめた活動をしてください。では、進め方を説明します（できれば板書をしたり、モデルを示したりなどして進めてください）。①最初に、自身のコア・クオリティだと思うものをノートに書き出しておきましょう。これは誰にも見せないでおいてね。②紙皿の穴を上にして机に置いてください。③中央に自分の名前、または自分を呼んでほしい呼び名を書いてください。④その隣に自分のコア・クオリティを表すと思えるイラストやマークを書きます。好きな色を使っていいですよ。絵の上手下手は関係ないですからね。⑤裏返して右隣の人にセーノで紙皿を回します。皿を表にして、中央に名前が書かれた人のコア・クオリティを想起して自由な場所に書きます。誰が書いたかわからないようにしたいので自分の名前は書かないでください。⑥裏返しにして右隣の人に回します。⑦最後に自分のものが自分のところに返ってきますね。しばらく静かに眺めていましょう。⑧最初に自分が書いた自身のコア・クオリティと紙皿に書いてある内容を比べてみます。自身のイメージは他者から見てどれだけ一致しているか楽しみですね」

●活動する

子どもたちに任せます。「どのようにしていいか困惑しているグループ」「どうしてよいかわからない子」「間違えている子」「他者に迷惑をかけていると思われる子」などに「足場かけの問い」をかけていきます。

●ふり返る

自分のところに返ってきた後に、紙皿を見ている子どもたちの様子を見守ります。「セイバリング」ですね。特に時間を確保してあげるだけで特に声をかける必要はないかもしれません。学級によっては隣の子どもたちと紙皿ワークをした感想を話してみましょうと促しても良いかもしれません。子どもたちには、リボンをつけて飾れるようになっているから、自分の部屋の目にしやすい場所に飾っておくといいかもね、と伝えてもよいでしょう。

「宝物ファイル（パーソナル・ポートフォリオ）」で自分も周りの人も大好きに

〈背景〉

「宝物ファイル」は山田将由が紹介している方法です[18]。岩堀美雪が開発し提唱しています。二〇一二年に読売教育賞最優秀賞（児童生徒指導部門）に選ばれています。基本形は、生活や学びの履歴を残していく「ポートフォリオ」という考え方ですが、自分の宝物（思い出として残したい肯定的な記録や記念）を積み重ねていくことがポジティブ心理学、そしてその先のウェルビーイングに向けた活動として親和性が高いと考えます。岩堀は「宝物ファイル」を考え出したその時を次のように書いています[19]。

（筆者注：ポートフォリオを紹介する本のページをめくっていたところ）、そこには、「ポートフォリオの種類」と書いてあり、パーソナルポートフォリオのことが一ページと少し紹介されていました。

「パーソナルポートフォリオ……自分のマイナス探しではなく、プラスを見い出し、それに関する様々なものを実際に綴じていくポートフォリオは、自分の存在や日々を受け入れ、〈自信〉を感じる気持ちにさせてくれる素晴らしい効果を持つ。ポートフォリオに入れるものは、何も立派なモノである必要はない。〈自分の大切なモノ〉を入れればいい。母からの手紙、美しく心に染みた紅葉、熱心に練習して得た算盤二級の小さな賞状……」

読んだ瞬間、手にビリビリッと電気が走ったような衝撃を感じました。

これだ！これを使えば、私が子どもたちに長年願ってきたこと、「自分のよさを認め、自分に自信を持ち、自分のことを大好きになること（自己肯定感を育てること）」が形として残せる！

もう少し丁寧に説明すると次のようになります。[20]

内容

自分自身の成長ファイル。目標や長所を書いて、それをファイルのポケットに入れ、あとは順次、「宝物（大切にしている写真、手紙、賞状など）」「やり遂げたこと（山登りをしたときの写真、マラソンの完走賞など）」「成功したこと（仕事の資料のコピー、テストの結果やイベントの写真など）」を同じようにポケットに入れていって作ったもの

目的

自己肯定感や自尊感情を育てること

つまり、自分に自信を持って、自分を好きになることにある。私たちが大きく成長するには、「自分への自信を養うこと」が大きな鍵を握っている

自身のポジティブな面に積極的に光を当てて日々の生活を営み、かつそれを記録していつでも参照できるようにして自己肯定感や自尊感情を育てようとする考えは、プロアクティブな発達支持的生徒指導などにもつながるものです。

〈意義〉

多様性の時代などとメディア等が声高らかにしても、周囲を見るとまだまだ人それぞれの違いを価値として認め合うよりも、差としてできるできないを比べ合うことが多いと感じます。その流れで、人と違うことを極端に恐れるために学級の中での同調性がはびこったり、違うことをばかにするいじめが未だに存在したりするわけです。情報の共有が簡単にできてしまうようになった現代だからこそ、「差」としての自分の位置づけが簡単にわかってしまい自信を失い、自尊心が養われに

くいものです。そこで、「自分は自分、友達は友達。互いに唯一の個性があり、唯一の価値がある」ということを可視化（目で見て実感）できる「宝物ファイル」は自分で自分を応援したり、勇気づけたりしてくれる貴重な味方（ツール）になってくれるでしょう。

〈PERMA理論との関係〉

自分の目標や夢や長所を記録します。また、賞状や自分ががんばった記録、お気に入りの作品なども蓄積していきます。「P：ポジティブ感情」でいっぱいになります。時々、これらを眺めたり、振り返ったりすること、つまり「セイバリング」をすることで「E：エンゲージメント」の想起になったり、「A：達成」を味わったりすることができるでしょう。「R：関係性」に目を向けると、友達や家族、先生と肯定的なコメントをしあうことで、自尊心の高まりも期待できます。

〈実際の進め方〉

岩堀によれば、基本的な進め方はとても簡単です。準備は人数分のクリアファイル（できれば表紙が透明なもの）を準備することだけから始められます。基本ステップとして次のように説明しています。[21]

①クリアファイルを用意する

②子どもたちの写真を準備する
③子どもたちに思いを伝える
④夢や目標を書く
⑤自分の長所を書く
⑥宝物をファイリングする
⑦ファイルに名前をつけて表紙をつくる

これらを基本形とした上で、友達、家族、教師なども含め、付箋紙などを活用しながら肯定的なコメントを書いたり、書いてもらったりしてポジティブな感情を増やしたり、持続したりできます。

相互に目標を確認し評価し合う家庭学習

〈背景〉

宿題や自主学習などの「家庭学習」の内容や進め方はいつの時代も悩みの種です。様々な立場による様々な意見が絶えません。私は家庭という学校から離れた場所での学習になってしまっている以上、教師や友人などアドバイスできる人間が不在なので学習内容の質の向上は難しいと考えています。そこで別の視点、家庭でも自ら学習をし続ける姿勢、つまり学習習慣を身につける「やる気」の継続に注目した家庭学習の進め方を研究しました。「目標と学習と評価の一体化」の考え方をも

とに、次のような結論を導いています。(22)

小学校高学年の家庭学習において、「学習者相互による目標に基づいた形成的な評価をくり返しながら展開される活動」（以後「目標と学習と評価の一体化」と言う）とその評価を行った。その結果、学習者は互いに家庭学習を進める仲間がいることを意識し、自分たちで目標を設定し、その目標達成のために家庭学習を行い、目標に対してどうであったかという自己評価を行うことで家庭学習の提出率が向上することが明らかになり、教科教育で有効とされた「目標と学習と評価の一体化」の考え方が家庭学習でも有効であることが確認できた。

この文章からは、「提出率の向上」が明らかになったことだけが示されており、心理的なものは書いてありません。しかし、このときの家庭学習の進め方は強制力を伴わないものでした。つまり、やってもやらなくてもかまわない家庭学習でした。その提出率が向上したのは自ら家庭学習を行うと決めて、自ら行ってきたことを意味します。また「やる気はアップしたか」という質問の答えで、事前と事後を比較すると、二六名中、アップした↓一二名、ダウンした↓一名、変わらない↓一三名でした。変わらないとした一三名は、この実践を行う前から家庭学習を自ら行ってきていたものです。つまり、学級内の半数の子どもたちが強制力の伴わない家庭学習のやる気が向上したことになります。

次のように進めます。

●班単位で進めます。

●①～④まで書き込めるワークシートを準備します。

①前週末に、今週の班のめあてを設定します。

②毎朝、班員が家庭学習をやってきた友人へ感想や励ましを書きます。

③班員全員で、今週の班のめあての取組状況を話し合います。

④週末に班員で話し合って今週のめあてについてふり返りを書きます。加えて、来週のめあても設定します。

ここでの配慮点としては、「競争」にしないことです。この進め方をもとに、他班と比較して競争を煽ることもできます。また、班でめあてを作成して進めるために、班内で「やってこい」という強制力が働く可能性があります。こういう発想をしないように進めることが大切です。自分たちでめあてを考えて、自分たちが考えためあてを達成することが大切であることを意識してもらうような促しをします。そして「やってこい」という強制ではなく、「互いにがんばろうね」という励ましが大切であることを伝えます。

ちなみに本実践は「学びのモデルサイクル」「学びのモデル」を家庭学習に適用した形なので、

本実践をヒントに他の活動や実践に転用することが可能です。家庭学習は一般に個人の活動（学び）と思われていることが多いけれど、チーム（班）で目標を考えて、励まし合い、確認し合い、ふり返るという活動を取り入れたことが新しいといえるでしょう。

〈意義〉

本書の大切な核である「目標と学習と評価の一体化」という考えを家庭学習に用いたものです。自ら目標を設定し、自ら目標の迫り具合を確認し、目標に迫るために互いに励まし合うという構図になるようにします。家庭学習にも自己選択、自己設定の考え方を適用しました。「やらされる家庭学習」から「互いに励ましあい、自ら進める家庭学習」への挑戦とも言えます。

〈PERMA理論との関係〉

「目標と学習と評価の一体化」の適用です。第二章で書いた部分と多くのことが重なります。家庭学習の「M：意味・意義」を確認した上で「A：達成」をより明確にそして感じられるように子どもたち自身で「目標」と「評価」を行います。これらが明確だと、家庭学習の最中はフロー状態（「E：エンゲージメント」）になりやすくなります。これらを班員同士で励まし合って進めます（R：関係性）。目標が達成すると、とてもよい気分になり（P：ポジティブ感情）、次の家庭学習もがんばって取り組もうという気持ちが生じやすくなります（「学びのモデルサイクル」の発動）。

〈実際の進め方〉

この家庭学習を初めて進める場合を想定しました。事前に学習班を組んで、家庭学習用のワークシートを作成しておきます。

●つかむ

教師「来週から班ごとに自分たちで一週間の家庭学習の目標を立てて、毎朝、家庭学習の様子を見せ合ったり、話し合ったりして励まし合うようにします。そして、金曜日の朝に一週間の家庭学習の様子はどうだったかをふり返るという活動をしていこうと思います。今まで自分の家庭学習の様子はどうでしたか（子どもたちの声にしばし耳を傾けます）。なるほど。家庭学習はなくていいかな（意見は割れると思いますし、無くていいという声も出ると思いますが、「やりたくないこともあるけどやったほうがいいと思う」みたいな声も含めて、やったほうがよいが大勢を占めると思います）。そうだね。家庭学習は内容もそうだけど、自分の家で学習する習慣をつけるという意味で大切だと私は考えます。家で学ぶ姿勢ができると社会に出ても役立ちますよ。もちろん、おもしろく、やる気が出るようにできたらとてもいいよね。だいたいさ、やる気が出る時は、やらされているときじゃなくて、自分が考えて自分で決めたときでしょ。そして、友達に励まされたらもっとやる気が出るよね。（ワークシートを配って）家庭学習について班で一週間の目標を立てます。班のみんなが達成できるような目標だね。これ班のメンバーによるよね。例えば、「来週の漢字テスト全員が合格できるような家庭学習を進める」とか「読書を一〇分は必ず行うようにしよう」とか「一週間で全員が一〇頁、ノートを進めるようにしよう」とかね。自分たちで少しがんばればできるみたいな、そして、ちょっとワクワクするような家庭学習のめあてを考えてくれるとうれしいな。そして、毎朝、各自の家庭学習ノートを見せあって、みんなでコメントを入れながら班のめあてを達成するために互いに応援し合うようにします。大切なのは、みんながんばって、励まし合って班のめあてを達成することなので、これをすることで誰かが嫌な感じにならないようにだけは気をつけてください」

●活動する

子どもたちに任せます。「どのようにしていいか困惑しているグループ」「どうしてよいかわからない子」「間違えている子」「他者に迷惑をかけていると思われる子」などに「足場かけの問い」をかけていきます。

●ふり返る

教師「今日から、自分たちが立てた目標に向けて取り組んでいきます。やる気とお互いの応援をこめて、班ごとにハイタッチをしましょう」

まとまった時間が確保できそうな時は、「質問の技カード」を用いたペアコミュニケーションを行ってもよいかもしれません。

以上、いくつかの「ウェルビーイング（になる仕組み）を教える」技法やエクササイズを紹介しました。今後、より多くの技法やエクササイズの開発が待たれます。

大切なことは、目の前の学級集団や個人を見つめて、ＰＥＲＭＡ理論を手がかりに、短期的な幸福も含めた持続的な幸福が展開していくような仕組みになっているかどうか、その都度確認し続けていくことです。

【文献】

（１）阿部隆幸・ちょんせいこ（編著）『学級経営がうまくいくファシリテーション』学事出版、二〇二三年、五七頁
（２）阿部隆幸・ちょんせいこ（編著）『学級経営がうまくいくファシリテーション』学事出版、二〇二三年、三三二頁
（３）エイミー・Ｃ・エドモンドソン（著）野津智子（訳）『恐れのない組織－「心理的安全性」が学習・イノベーション・成長をもたらす』英治出版、二〇二一年、二七二頁
（４）小林正弥『ポジティブ心理学－科学的メンタル・ウェルネス入門』講談社選書メチエ、二〇二一年、三三四〜三三五頁
（５）中野明『ポジティブ心理学の教科書』アルテ、二〇二四年、六二頁
（６）小林正弥『ポジティブ心理学－科学的メンタル・ウェルネス入門』講談社選書メチエ、二〇二一年、

三六頁
（7）矢野和男『予測不能の時代：データが明かす新たな生き方、企業、そして幸せ』草思社、二〇二一年、一二三～一二四頁
（8）矢野和男『予測不能の時代：データが明かす新たな生き方、企業、そして幸せ』草思社、二〇二一年、一七九～一八〇頁
（9）中野明『ポジティブ心理学は人を幸せにするのか－より良い人生を生きるためのルール』アルテ、二〇一六年、一五一頁
（10）小林正弥『ポジティブ心理学－科学的メンタル・ウェルネス入門』講談社選書メチエ、二〇二一年、八一頁
（11）板生研一「今この瞬間を、味わう 板生研一 － 起業家兼研究者が考える クリエイティブ・メンタルマネジメント法」https://note.com/kncitao_phd/n/n20ac892e4a95
（12）沖夏野『仕事に役立つポジティブ心理学 職場の50のシチュエーション』パブフル、二〇二二年
（13）村井尚子「強みを生かして育ちあうリフレクション～紙皿のワーク～」『授業づくりネットワークNO.31』学事出版、二〇一九年、三四頁
（14）山辺恵理子「コルトハーヘンのリフレクションの方法論」学び続ける教育者のための協会（編）『リフレクション入門』学文社、二〇一九年、二四頁
（15）村井尚子「強みを生かして育ちあうリフレクション～紙皿のワーク～」『授業づくりネットワークNO.31』学事出版、二〇一九年、三七頁

(16) 中野明『ポジティブ心理学の教科書』アルテ、二〇二四年、九一頁
(17) 村井尚子「強みを生かして育ちあうリフレクション～紙皿のワーク～」『授業づくりネットワークNO.31』学事出版、二〇一九年、三四～四一頁
(18) 前野隆司（監修）中島晴美・山田将由・岸名祐治（著）『99％の小学生は気づいていない⁉ ウェルビーイングの魔法』Z-KAI、二〇二三年、一三一～一三二頁
(19) 岩堀美雪『効果抜群！元気なクラスに変えるとっておきの方法「宝物ファイル」で子どもがぐんぐん伸びる！』二〇一三年、学陽書房、一七頁
(20) 岩堀美雪『ポートフォリオで「できる自分」になる！』サンマーク出版、二〇〇九年、六頁
(21) 岩堀美雪『効果抜群！元気なクラスに変えるとっておきの方法「宝物ファイル」で子どもがぐんぐん伸びる！』二〇一三年、学陽書房、五一頁
(22) 阿部隆幸「学習者相互に目標を確認し評価し合う家庭学習に関する考察」上越教育大学教職大学院研究紀要第七巻、二〇二〇年、五九～六八頁

第四章　振る舞い方

本章は「振る舞い方」と称し、二名の小学校教諭のインタビューを掲載します。前までの章は、理論をもとにポジティブ心理学を関係づけたウェルビーイングな学級経営とはどういうものかを考えてきました。第四章は、現場からポジティブ心理学を関係づけたウェルビーイングな学級経営を考えます。日常的に明るく元気に学級経営を進めている先生は、自身や子どもたちをウェルビーイングな状態に導こうとしているという見立てのもと、お話を伺いました。結果、いろいろと関係性が見えてきました。

森川先生の場合

森川（仮名）先生は、学級経営において最も大切にしていることは「多様性の尊重」と言い切ります。何度か学級経営に関連するセミナーでご一緒しました。毎回、子どもたちが元気いっぱいで学級生活を楽しんでいる姿を発表され、何よりも先生ご自身が楽しんでいることが伝わってきました。ここの学級の子どもたちは教室に幸せが溢れていると感じました。森川先生の明るさと元気の秘密を知ることができればウェルビーイングのヒントになるのではないかと考えてインタビューをお願いしました。その結果、次のようなことを知ることができました。

●「P：ポジティブ感情」→自分が子どもの頃から学校は楽しいところだと実感し続けてきた

●「E：エンゲージメント」「R：関係性」→数多くの、そして多様な勉強会や研究会に参加して自分の授業や学級経営に取り入れるなどして目の前の子どもたちの教育に熱中してきた。年下の先生からも積極的に学ぶようにしている

●「M：意味・意義」「R：関係性」→二〇人いたら二〇人が先生に贔屓されていると思われるように配慮するほど、子どもたち一人ひとりの強み（特徴）を生かすように心がけている

●「M：意味・意義」「A：達成」→自分の将来を見据えた生活を考えて過ごしている

阿部：簡単な教員としての履歴をお願いします。

森川：教員三二年になります。その間、全て学級担任を経験させてもらっています。全学年を担任していますが、最近は高学年が多かったです。

阿部：教員になろうと思ったきっかけや経緯を教えてください。

森川：実家で商売をしていたので、子どもの頃は引き継ごうと思っていたのですが、自分が小学校五、

六年のときに担任の先生の学級会がめちゃくちゃおもしろくてですね、要は大人になっても学級会をやりたいと思って教員を目指しました。

阿部：それじゃあ、三二年たってもずっと当初の思いを貫き通している感じなんですね。

森川：世の中とか社会って、誰かがつくってそこに乗っかっていくという漠然としたイメージがありました。ところが、学級会を通して自分たちの手で自分たちの生活をよくできるのだと思いました。それが嬉しくて、結果、中学校のときに生徒会などもやって、大人になっても学校行きたくて、教員を目指しましたという感じです。

阿部：そこから広がって、政治家の道という選択もあったのではないですか（笑）。

森川：そうですねぇ、あとはやっぱり学校が好きだったのかなと思います。実際に教員になって学級会をやってみたらうまくいかなくて、小学生当時はその先生の掌の上でちゃんとやってもらっていたと気づきました。当時は自分たちがやっているようにうまくいい感じに錯覚させてもらっていたと今は思います。

阿部：森川先生の中で、学級経営と聞いて最も自分が大切にしているものは何ですか。

森川：最近は多様性の尊重です。三二年の中にはいろんなフェーズがあったと思います。若いときは子どもたちが言うことを聞いてくれなくて、いかに子どもを統率するかでした。同じ話をしても学年主任の先生が話すと言うことを聞くのに、どうして私が話すと聞いてくれないんだろうという時代があって、どうしたら子どもたちは私の話を聞いてくれるだろうかと模索する時代が七年くらいありました。その後、ある意味思い通りに子どもが動いてくれる時代が来ました。そして、それまでは自分が子どもを動かすイメージでしたが、今は子どもに私が動かしてもらうイメージです。子どもの出たとこ勝負みたいな感じですね。こっちも経験値である程度できるようになったので、子どもが言ってきたことややってきたことに対していかに自分が対応できるかという感じです。

阿部：うまくいかなかったから統率したい。うまく思い通りに行くようになった……というように大きく揺れていますね。例えば、統率したいと思っていてもうまくいかなかったのが、急にうまく思い通りにできるようになったときって何があったのですか。

森川：そこは思い切り振れたと言うよりは、じわじわとですね。今となってはあんなこともこんなこともやったと思います。結構、いいと思った勉強会にはいろいろと行きました。例を挙げると、一時期、法則化が流行った時がありました。変化のある繰り返しなどですね。そういうところから美味しいところをもらって取り入れた感じです。

阿部：経験だけに埋没するのではなくて、研究会や書籍なども含めて、外に解決策を求めたみたいな感じですかね。

森川：今思うと、若いときは全然うまくいかないから、本を読んだし、話も聞いたし、勉強会にも行ったしですかね。今なら、インターネットとかもあるからそういうのもやったのではないかと思いますね。勉強したと言うよりは、どうにかしなくちゃと必死だった感じですね。

阿部：なるほど。子どもたちが思い通りに動くようになったのなら、それでいいのに、どうして子どもたちに動かされるという別の段階に進むようなきっかけがあったのですかね。
森川：子どもの質が変わってきたなと感じたからです。あと、自分も変わってきた感じがします。若いときって、厳しいことを言ってもなんか若いからということで子どもも割り引いて受け取って、良くも悪くもですけど受け入れてもらえたような気がします。しかし、自分が三五歳位になったときにビシッっと言ったら、子どもがハッとなっちゃうのを見たことがあったんですよ。このままじゃ怖い先生になっちゃうなと思って、言い方とか気をつけておかないといけないなと思ったことですかね。あと、前任校で子どもたちと総合的な学習の時間などを進める中で、今までは自分が子どもの先頭に立って子どもを引っ張っていたのですけど、あるときから子どもがやっている足跡をこちらが見取って価値づけていくことのほうが子どもが生き生きしているなと感じたのです。特活は学級掲示の足跡とかを意識しているのですが、総合とかも子どもがやってきたことを整理してあげて「こういうところがよかったね」「こういうところが素晴らしかったね」と言うと子どもたちがすごく嬉しいみたいな感じで手応えを感じているので、イメージとしては引っ張っていたのが後ろに回り込んで、後をついて行って、「いいよ、いいよ」というイメージですかね。
阿部：とても興味深いです。三五歳の分岐点のときに、子どもをビシッと強さでコントロールできる感覚を覚えたときに、心地よく覚えてそれをし続けるという先生もいると思うのです。私の感覚では身の回りにそれなりに多くいらっしゃると思います。私から見ても、「怖い！」という方が(笑)。森川先生は、そちらに行くこともできたはずなのに、どうしてそうしなかったのでしょうね。

森川：そういう時代もあったと思います（笑）。でも、これがいいと思えなくなってきたんですよね。

阿部：どうしてなんでしょうね。

森川：前任校で、学年主任で自分より若い先生と組みました。指導力がそれほどないと言っては申し訳ないんですけど、そんな状態でいても子どもが生き生きしたり、ニコニコしていたりするのを見ると、何が違うんだろうなぁと思って、自分と比べてそちらに寄せていったところがあります。だからそこで、一旦自己否定は入りますよね。それは苦しいですね。自分が今まで良かれと思ってやってきたこともあるのに、あれ？なんかあの先生のクラスもいいぞ、子どもが楽しそうにしているときがあるぞと思うとそれを取り入れてみたくなって、それはなんだろうみたいなところですかね。

阿部：今の話は年下の先生ですよね。そういう方からも学ぼうとする姿勢があるかないかは今後のキャリアを考えても大きいと思いますね。

森川：それはわたしの特技の一つかもしれません。相手が年下であろうと、自分がいいと思ったら自分もできるようになりたいと思いますからね。

阿部：「学級の荒れ」を心配する教師にとって、子どもたちへのコントロールを強くしたほうが心配や不安は減るように思います。そこを手放せる勇気があるのはすごいと思います。

森川：たぶん、今かなり子どもたちに自由にやらせられるというのは、いざとなれば束ねられるという自信があるからかもしれません。一年に一、二回、森川先生も怖いバージョンができるよということを示すこともありますね。
阿部：（笑）
森川：たまに支援員さんをばかにする態度をとる子どもがいます。そんなときに怖い姿を見せて、やばいかもと思ってもらうようにするときはあります。
阿部：なるほど。では、若い頃からの学びや経験の獲得、例えば、子どもたちをコントロールできる自信などがあるからこそできるということですかね。今わたしのところで学んでいる学生が森川先生の隣の学級の担任になったとして、すぐに森川先生のような学級経営を進めないし、できないということですね。
森川：いやいやいや、そういうわけじゃないです（笑）。学級経営を伝える難しさがありますよね。N＝1といいますか、先生のキャラと子どもの実態と学校の風土などで変わってきますからね。こうやったらうまくいくよとも言えないし、同じようにできないと思います。
阿部：なるほど。では、森川先生は多様性を大切にしているということでしたが、その実現のために具体的にどんなことをしていますか。
森川：例えば、発達障害のお子さんで気分屋で周りをいらつかせたり、迷惑をかけたりする子がいます。その子が発言すると他の子には言わない「えっ？」とか「はっ？」というような声が上がる時があります。この「えっ？」をなくしたり、態度が良く変わったら「いいね」と認めますけど、ネガティブな反応のときは必ずなくすようにします。

阿部：具体的にどうやってなくすようにするのですか。

森川：最初は、遠回りに「誰かが発言したときにえっ？というのはやめようね」みたいな話から始まり、「みんなが安心して話せるようにしようね」と話しかけます。それだけでやめない場合は、その後は直接、「あっ、今、えっ？って言ったよね」みたいに指摘してその声をなくしていくことがあります。今の例は、この子だけの例ですが、学級全員に対して、心理的安全性を保証するようにしていくことが大切だと考えます。

阿部：なるほど。

森川：あとは、学級の中の位置づけを高くしていくようにします。例えばこの子に対しては、授業準備としてプロジェクターの設置を最初にお願いしておきます。彼の特性上、頼んだことはきっちりできるということがあったのでそれをしてもらって彼に感謝します。加えて、三年生にもかかわらずＨＤＭＩなどの言葉を使えるようにしておいて、この子しかできないことがあるみたいにして周りの子たちがあの子が準備してくれたおかげでプロジェクタが見られるようになったねみたいになって、みんながその子に対してありがとうみたいなことが発生する感じですね。他の子の例で言えば、話をしっかり聞けない子がいるのですが、この子はゲームが得意で、マインクラフトのことはこの子に聞くみたいにして、森川先生になにか教えていてすごいみたいに周りに思わせてその子の学級の中のポジションを与えていく感じです。学級の中でポジションをとれない子たちを引き立てていく感じです。そうすると、自然とできる子たちは、できる子たちで伸びていくからいい感じにお互いを認め合っていきます。集団という塊で見ないで、一人ひとりひきあげるタイミングを狙って教師が価値づけたり、活躍の場を作ったりすることで、周りの子たちも一目置くというようにしていくわけです。

阿部：森川先生の教室実践の話を伺っていると、個人の名前がよく登場します。私はそれがすごく素敵だし、今求められている学校教育に合致していると思います。多様性の尊重と言行一致していると感じます。

森川：ありがとうございます。私はこっそり思っていることがありまして。学級に二〇人の子どもがいたら、二〇人全員に自分は先生からひいきされていると思わせたいんですよね。その学級の中で、一番つらそうにしている子が楽しいって思ってもらえる学級にしたいというのはずっと思っています。学級会の場が、カーストやヒエラルキーを乗り越えて一人ひとりが活躍するよいチャンスになると私はずっと思っていて、算数や国語で活躍できないような子が学級会でヒーローになっていくなど、いろんな子が活躍できるのは学級会の良さかなと思います。

阿部：森川先生の学級会の進め方を見せてもらうと、計画委員会が事前に計画を立てて進行をし、主に三つの柱を立てて進めるなど文科省が学級会のモデルとして提示しているものをそのままされている「だけ」という感じにも見えます。しかし、森川先生の学級の子どもたちの姿は他の一般の学級の子どもたちよりも生き生きして自立的な活動をしているように見えます。自己分析していただけたらと思うのですが、一般の学級と森川先生の学級会はどこがどのように違うと思いますか。

森川：確かにわたしは文科省のモデル通りに行っている「だけ」なんです。でもそれがなかなか難しいと考えています。学級会が広がらない理由が三つくらいあると思います。一つ目は先生たちがそもそも子ども時代に学級会を経験していないことです。先生たちは、お誕生会とかお楽しみ会などしか経験していないことが多いと感じます。二つ目は教科書がないことです。教科書をもとに進めることに慣れている先生たちはどうしていいのかわからないのかもしれません。三つ目は学級会が論破大会になっていることです。文科省が言っている通りの学級会を開くことは本当に難しいですね。私が学級会の話をするとびっくりされる方がいて、「私たち子どもの頃の話し合いは多数決しかなかったけど、そういう決め方もあるのですね」と言われることがあります（笑）。昔から合意形成の方法なんていくらでもあるのに、経験を積んだ学校の先生でさえ、何かを決めるときは多数決しかわからないということがなかなかの問題です。

阿部：たぶん、森川先生だからこその工夫はたくさんされているのだと思いますが、その前段階としてそもそも文科省の提示している進め方をやっていないし、やろうとしていないという問題提起ですね。試した後で改良改善をしていくのならともかく、そもそもそれをやろうとしていなくて勝手に自分の思うことを当てはめてしまっていることがあるのかもしれないですね。多様性の尊重というところで、森川先生が他に工夫しているところはありますか。

森川：この前、スイッチインタビューという番組で、歴史学者の磯田道史さんがインタビューに答えていました。「先生のご専門はどの時代なんですか」と問われて「僕は、生涯をかけて専門をなくそうとしているんですよ」と答えていて、我が意を得たりと思いました。小学校教員のわたしは全ての授業を大事にしたいと思っています。学級経営の一番の骨格は日々の授業だと思います。子どもが自分の授業を楽しいと思ってくれると信頼感が増します。勉強が苦手な子が一時間の授業を終えた時に「もう授業、終わりなの？」と言って「学校って楽しいとあっという間なんだなぁ」と言ってくれたんです。別にこのときの授業は、特別な授業でなく日々の普通の授業だったんですけどね。この言葉がとてもうれしくて。だから、わたしは日々の授業をがんばってやっています。もちろん、学級会や総合的な学習の時間は好きなので特に力を入れていますけどね。苦手な教科もあるのはあるんですけど普段の授業をいかに楽しくできるかが大切なところだと思っています。

阿部：森川先生の将来設計などがありましたら、教えてもらいたいです。

森川：阿部先生を失望させてしまうかもしれませんが、あと二年半で学校の先生を辞めようと思っています。

阿部：定年の前に辞めるという意味ですか。

森川：若いときからこの歳でやめようと思っていました。理由はいくつかあります。一つは体力的にきつくて、学校教員としてのパフォーマンスが下がるのが一番嫌なのです。今は、土日は全部翌週にしっかり働けるためのメンテナンスみたいになってしまっているところがあります。二つは学校教育の限界を感じていることからです。世の中は時代のフェーズが変わっていて、学校教育のありようも大きく転換しなければならないのになかなか変わりませんよね。私が管理職にならない理由の一つは学級担任が一番自由に時代の変化に追いつけると思っているからです。集団一斉を前提としたシステムになっている学校でもっとそうじゃないことができないかなと思っています。三つは今の働き方はサスティナブルではないので一度きりの人生だから違うこともやってみたいというところがあります。人生百年時代で八〇歳くらいまで働くことを考えてます。若い先生の役に立つような仕事を自分で立ち上げられないかと思ってみたり、森の中に学校を作れないかなと思ってみたり、夢見がちなことを考えています。

阿部：他の方ならともかく、行動力があって、今までも言行一致をされてきた森川先生を見ていると、本当に実現されるのではないかと思います。応援しています。このインタビューの最初に多様性の尊重を大事にしているという話をされていました。多様性を尊重する先に何がありますか。

森川：その先にというよりも根本ですね。世の中に絶対的な価値観はほとんどないと考えているのですが、たった一つだけ絶対的なものがあるとしたらそれは多様性の尊重だと思うのです。なぜかというと、人間が生き物だからです。人間も生物です。多様性がないと生き残っていかないと思うのです。多様性を否定したら、それは生物として終わってしまうのではないかと考えます。本当に根源ですね。もし、多様性の尊重ができないとしたら、それができないシステムのほうが間違っているのではないか、そのシステムを変えていくべきではないかと考える私がいます。

大木先生の場合

大木（仮名）先生は、学級経営において今は「個に応じた対応」を大切にしていると言います。大木さんとは十年以上前からのお付き合いです。当初は、二ヶ月に一度の民間サークルで一緒に学び合う仲間でした。サークルが解散した今でも、教育に関する学びのセミナー等で時々ご一緒します。昔も今も「学び」に意欲的な方です。セミナー中の話し合いでも休憩中でも楽しそうな会話を続けているのが印象的でした。私の中では、当時も今も「明るい」「元気」というとすぐにこの方を頭に思い浮かべます。大木先生の明るさと元気の秘密を知ることができればウェルビーイングのヒントになるのではないかと考えてインタビューをお願いしました。その結果、次のようなことを知ることができました。

●「P：ポジティブ感情」↓尊敬できる先輩教師との出会い
●「R：関係性」↓目標や課題をチームで共有して取り組むことで、負担を軽くし楽しみを増やす。年下からも積極的に学ぶ
●「A：達成」「E：エンゲージメント」「M：意味・意義」「R：関係性」↓自分たちで目標を設定し、期間を設けて取り組み、達成状況を確認すると同時に、目標の修正をしたり、互いに励ましあったりして、最後に達成具合を確かめ合う。つまりは、目標と学習と評価の一体化の実践
●「A：達成」↓一人の六年生が「最後にみんなで笑って終わる」ような卒業式に向けて、取り組んでいこうと学年末に向けて明確な目標を持っている

●「P：ポジティブ感情」↓ちょうどいい具合に日々の忙しさや大変さを忘れることができるリフレッシュな休暇（休業）を経てきた

阿部：教員としての経歴を教えてください。

大木：関東で三年、地元に帰ってきてから一六年、その中に産休育休を取っています。長男で二年半、長女のときが一年、次女のときが三年とりました。他に夫の仕事の関係上海外に三年行っていて、その時に三年休業制度を使って仕事を休んでいます。

阿部：全部で九年と半年くらいお休みしている感じですね。

大木：全然働いていないですね～（笑）

阿部：実質の仕事を考えると、まだまだ新人さんみたいな感じですね。

大木：実質働いている年数を考えると一〇年に足りていないのですね。申し訳ありません（笑）。

阿部：なかなか興味深いです。働いていた期間は、ほぼ学級担任ですか。

大木：はい。年度途中で休むということがわかっているときなどは副担任のような役割をした時がありましたが、それ以外は担任です。

阿部：大木さんはどうして先生になろうと思ったのですか。

大木：単純にいうと、小学生の頃から先生に憧れていて、教員になりたかったのです。なので、地元の採用試験に落ちても、関東に出て夢を叶えました。

阿部：どんな先生が憧れだったのですか。

大木：憧れというと、教員になってからなのですが、初任当時大変お世話になった先生がいらっしゃいました。その方は全国でも著名な実践家なのですが、とてもフランクで、がんばりすぎないということを教えて下さいました。その先生のおかげで職場の雰囲気も良く、関東で大変な三年間を無事に過ごし、こうして教員を続けていられるのもこの出会いのおかげなんです。

阿部：なるほど。では、学級経営を進めていく中で、自分の中で大切にしているものがあったら教えてください。

大木：今は特別支援学級担任なので、個に応じた対応を大切にしています。一人ひとりのニーズに合わせた指導・支援が特別な支援を必要としている子には重要だと実感しています。

阿部：じゃあ、通常学級を持っていた時はあんまりそういうことは思っていなかったということですか。

大木：若かったということもあると思いますけど、全体で引き上げるというか、全体をまとめていくという方針で学級経営を行っていました。「3・7・30の法則(1)」など、やんちゃな子がいっぱいいる中でその子たちに個別に対応しながら、全体でルールを作って底上げをしていくやり方が教員として最初のスタンスだったような気がします。

阿部：じゃあ、特別支援学級を担任しなければずっとそんな感じのことをしていたかもしれませんか。

大木：それはたぶん変わっていたと思います。変えていかなければならないとは感じていました。

阿部：突っ込んだ質問をしますが、それは世の中の教育の流れが「個別最適な学び」とか「協働的な学び」というように言われているから、という感じで変わってきた感じですか。

大木：流れももちろんあると思いますがそれだからというわけではありません。自分が今、特別支援教育に身をおいている立場からすると一人ひとり全く違う学びを進めています。それがすごくその子たちの成長につながると実感しているからですかね。

阿部：単純化して話をしますが、特別支援教育ってもともと個に注目するというか、個に対応するイメージがあって、学級経営は集団を見ていくイメージがあると思うのです。個と集団のつながりという視点から見て、印象的な話はありますか。

大木：私は情緒に障害をもった複数学年の子どもたちを担任しています。下学年は、なかなか私たちの伝えたいことが伝わらずつきっきりになることが多いのですが、上学年の子どもたちがカバーしてくれて無事に過ごすことが多く、これが異学年での学びの良さかなと感じています。下学年の子は上の学年の子たちに対する憧れもありますし、上の子たちは今まで自分たちが下の学年だったときにお世話してもらっていたという立場を覚えていて自分たちがしっかりしようという意識の変化がわかる場面を目の当たりにすると、異学年で学級を組む良さを感じます。

阿部：カバーとおっしゃいましたが、各自全く異なる特性を持つ子どもたちが存在する特別支援学級において具体的場面がイメージしにくいです。例えば、カバーってどんなことを指しているのですか。
大木：給食当番や掃除など新しいことが始まるときには、進んで教え、手助けしてくれました。また、帰りの会では、忘れ物の確認をしたり、持ち帰りのものを持ってきてくれたりしてくれます。
阿部：カバーをしている上の子も特別支援学級の子を指しているのですよね。
大木：はい、そうです。
阿部：上の子はお世話を通して成就感とか自己有用感などが向上している感じになるわけですね。
大木：はい。保護者の方もそういう部分に関して、自分の子がすごく成長しましたとご連絡をくださる方が多く、ありがたく感じています。私も助かるし、子どもも助かっていますし、ＷＩＮ－ＷＩＮですね。
阿部：下の子は、情緒学級であっても「ありがとう」という感謝の気持ちは芽生えるものなのですか。
大木：私の学級の子どもたちは「ありがとう」ときちんと言えます。手伝ってもらっているという感覚も持っていますし、感謝の気持ちを伝えるというソーシャルスキルトレーニングも経験しているからだと思います。言った本人も言われたクラスメイトも居心地良さそうにしています。
阿部：今までの話は、子どもたちの成長ということになると思いますが、大木さんはどのように関わった感じでしょうか。
大木：頻繁に休むとか午前中登校をする子がいました。いじめを受けていたこともわかり、今年度は他の特別支援の学級との関わりを限定するなど対策を取りながら、その子どもに寄り添った支援をしています。その結果、登校しぶりが減って連続して登校することができるようになって、保護者の方も喜んでいます。しかし、すぐにネガティブな気持ちが出てしまって、少し嫌なことがあると次の日休むなど、予定の見通しが立たないと登校できないということがわかってきたので、私は不安を取り除いてあげるような言葉かけをしたり、前もって明日の予定を話しておいたりするように気をつけています。

阿部：なるほど、限定する、つまりその子に応じた対応をとるということは、インタビュー初めにお話いただいた個に応じるというところにつながりますね。

大木：そうですね。ニーズに合わせて対応するということですかね。

阿部：その場合、Aさんの対応、Bさんの対応と対応を変えていると思います。この場合、どうやってAさんの対応とBさんの対応を見つけたり、考えたりするようにしているのでしょうか。そのためのコツとかルーティンのようなものがありましたら、教えてください。

大木：特別支援教育の担任団とよく話をするようにしています。四学級あって、四人の担任がいます。うち、三人が二〇歳代で若く、私一人が四〇歳代ですけど、私自身今年度異動して初めての特別支援教育ブロックの主任で、かつ、初めての特別支援教育担任といろいろと初めて尽くしの経験をしています。前任校で半年だけ特別支援教育の経験はありますが、私自身わからないことだらけなので、いろいろと相談に乗ってもらっています。四人のうち、二人が三年間、本校の特別支援学級を担任してきた方たちなので、昨年度の様子も詳しく知っていて、昨年度の様子を詳しく教えてもらっています。この担任団と相談して対策を考えていく感じです。

阿部：なるほど、それは特徴の一つになりますね。学級担任制で小学校の場合、同学年に三学級あったとして、三学級の担任が情報交換を密にするという話はあまり聞きません。学年で取り組まなければならないこと以外は積極的に情報交換をしないのが一般的ではないでしょうか。

大木：はい。そういう意味では、学年団で密接な情報交換をしていることは特徴的だと思います。体育などは特別支援学級全体で進めています。その時はメインティーチャーが一人前に出て、他はサブティーチャーとして子どもたちの補助にあたります。翌日の予定の確認を含め、毎日情報共有をしっかり行っています。とにかく、職員室ではたくさん話をしています。

阿部：話すということが、個に応じた対応を行うための一つのポイントかもしれないですね。他に日々心がけているようなことはありますか。

大木：今、夏休みということで時間を取って個別の指導計画と自立活動の支援計画を一人ひとり思い出しながら書き出しています。合理的配慮や短期目標を、日々頭に入れて生活したいと感じています。一学期はその子の特性に合わせて、いろんなことがあったと思うと同時に、少しずつ行動パターンがわかってきた子もいます。わたしは六人の子の担任をしているので、それぞれの子の対応や見通しを持ちながら、こうなったらこうしようという準備と心がけをこちらで持っていて、急にパニックになった児童がいても慌てないようにしようと考えるようになりました。これだけでも少し気持ちが落ち着くかなと思います。

阿部：今年度、生活してきた中で紙面で紹介できる大事件やエピソードはありますか。

大木：大事件ですか、いっぱいありますけどね。非常ベルを押しちゃったとか（笑）。

阿部：大事件が日常になってしまうと、それはもう大事件じゃなくなっちゃいますね（笑）。

大木：もう、日常ですよ（笑）。集団で教室を飛び出していっちゃうとかありますからね。

阿部：その明確な理由はあるのですか。

大木：様々ですけど、対人関係上衝突してしまって一緒にいたくないとか、あとは何もしたくないから行こうぜとか、リーダー格の子がいて、その子が数人連れて行ってしまうのですね。

阿部：なるほど。そういうとき、子どもたちの連携連動はあるのですね。

大木：はいあります。プラスにもマイナスにも連携して動く時はありますね。

阿部：なるほど。今やられている、計画づくりがこの対応に役立つといいですね。自分の学級経営のこだわりを実現するために日々継続的に行っていることってありますか。

大木：大学の先生の指導をもとに納得、共感して行っていることが一つあります。自立活動の時間を使って、子どもたちも自分の中で目標を持たせることです。そのための課題の検討を集団の力を利用して行っています。自分の中ではこれができていないと思っていても、周りの子たちから見れば、他にもこういうことがあるなど、話し合いをもとにこの子はこういうことが少し苦手だよねとかこういうことができるようになるといいねみたいにみんなで話し合いをして黒板に列記します。この中で今月はどれをがんばろうかと自分の課題を決めてもらうようにしています。それを紙に書いて今月の目標とし、顔写真や似顔絵をつけて掲示します。その後、毎日できていたかシールを貼って確認していきます。一週間に一時間自立活動の時間があるので、一週間に一度ふり返りの時間を設けます。一週間やってみてどうだったか話を聞いて、もうちょっと続けてやってみるとか、なかなかできないのでみんなにアイデアを求めて変えてみようとかそんな感じで周りに助けてもらって目標を変更することもあります。

阿部：全体のことに関しては月一回で行うんだけど、途中の確認を週一回で行うという感じですね。

大木：はい、そうです。

阿部：これを行っていての変化を感じるところはありますか。

大木：一年生の子たちの成長を感じます。幼稚園から小学校に上がって、がんばろうと思う気持ちがある子たちです。スモールステップですができるようになっています。みんなから意見をもらって、いつもニコニコしているんです。

阿部：それは関わってもらえているということに喜びを感じているのでしょうかね。

大木：そうですね。上学年からいろいろと指示や注意を受けていても、楽しそうなんです。関わってもらえている喜びかもしれないですね。

阿部：今後、三月までにこんなことをしてみたいなというものがあったら教えてください。

大木：初主任、初特別支援学級担任ということで日々パニック状態なのですが、一年を見越してやってみたいことは、日常が大事件のようなことばかりだったので、そこを少し落ち着いて生活できるように子どもたちをサポートすることです。最後にみんなで笑って終わりたいです。「来年またがんばらなくちゃね」ではなくて、「ここまでできたね」という感じで終わりたいと思っています。

阿部：「最後にみんなで笑って終わりたい」というのはどういうことですか。

大木：日々の事件は少しずつ減少傾向にあるんですけど、事件を起こしてしまうリーダー格の子が一人だけの六年生なのです。教師に反発傾向が強く少し大変ですが、とても可愛いところがあると同時にリーダーとして君臨しています。この子が楽しかったといって小学校を卒業できるようにサポートしたいのです。日々反発することが多いのですが、学校には休まず来ているのはすばらしいので、彼女の話に耳を傾け、もう少し居心地のよい特別支援学級にしてあげられないかなと考えているところです。

阿部：大木さんの将来設計はどんな感じなのですか？

大木：日々、息をするのが精一杯です（苦笑）。三人の子育てと初めて尽くしといろんなことがありすぎて、今、自分の時間が平日はないという状況です。そんな中ですが、もう少し特別支援学級担任を続けてみようかなという気持ちはあります。

阿部：大木さんはいつも笑顔というイメージがあって、今回インタビューをお願いしたところがあります。今聞いたら、とても大変なご様子だと伺ってびっくりしました。大木さんの笑顔と明るさはどこからやってくるのでしょうか。

大木：いやぁ、どうなんですかね。疲れている時は本当に疲れていますよ。我が子へのあたりは、そりゃひどいものです（笑）。今、自分の学級の子どもたちには一生懸命きついあたりをしないように気をつけている私がいますけど。

阿部：最初の経験年数の話に戻ります。こういう表現が正しいのかわかりませんが、よい間隔でお子さんが生まれたり、旦那さんの海外赴任があったりと、休業期間が挟まりその都度リフレッシュできたということもあるのかもしれませんね。

大木：ハハハハ（笑）。たしかにそうですね、それはあるかもしれません。初任で三年働いた後地元に戻り、二年働いて一人目が生まれて、育休明けに一年働いてまた二人目が生まれて、うん、確かにそうですね。

阿部：いい感じのリフレッシュ期間というか、一回学校のことを頭から追い出す期間があったのかもしれないですね。

　読んでおわかりのとおり、お二人とも学級経営で最も大切にしていることとして「多様性の尊重」と「個に応じた対応」と表現の仕方は異なるものの、学級という集団において、個人を大切にしていることがわかりました。また、インタビュー内容を見ていくと「ＰＥＲＭＡ理論」に重なることを無意識に行っていることがわかり、それが自身や子どもたちの笑顔と明るさにつながっており、つまりはウェルビーイングが表出したものなのだと予想できます。

　現場の二人から多くのことを学ぶことができます。

【文献】

（1）野中信行『学級経営力を高める3・7・30の法則』学事出版、二〇〇六年

おわりに

私は小学校教員時代の二〇一一年にある出版社から声をかけていただき、初めての単著を著しました。それまで雑誌原稿や書籍の共同執筆は何度か経験していましたが、この時は「おおっ単著の依頼！」と自分の心の中が沸き立ったことを覚えています。しかし、引き受けてからが大変でした。書こうとしても筆が進まないのです。最終的にはなんとか書き上げましたが、自分の力の無さを感じた時でした。その後、自分の名前が書かれた編著本等を出版する機会はありましたが、単著を著すことなく過ぎました。筆力の無さを実感した私は編著本を出す機会があるだけでありがたいと感じていました。

一〇年以上の時を経て本書執筆の機会を得ました。いつものように共著または編著と考えていた私は依頼を受けた時「どういう方たちと一緒に書くのでしょうか」と質問メールを返しました。返事は「一人でお願いします」でした。えええ？一人で……。つまり単著か……。一気に気分が上下に大きく揺れました。初単著時、ワークシートとその解説という内容でさえ四苦八苦したのに、本書は理論と結びつけて書き綴る形式です。言葉足らずの私が書けるかどうか不安がこみ上げてきます。同時に、私にわざわざ声をかけてくださったのだからぜひとも引き受けたいという気持ちも強く感じました。うじうじと数日過ごした私ですが、自分に問いかけ続けた結果、

●期待して声をかけてくださった方がいらっしゃるのだから期待に応えたい
●この歳になって再度単著に挑戦できるのなら挑戦してみたい
●今までの学級経営の研究や実践の積み重ねを整理してアウトプットしてみたい
●今、自分が最も興味ある「学級経営」「ウェルビーイング」「ポジティブ心理学」を絡めて出版できるなんてすごすぎるじゃないか

というように、ポジティブな気持ちがネガティブを上回っていることを感じて、書かせていただこうと決めました。今回は「書く内容（コンテンツ）」と「書き方（プロセス）」で見通しを立てながら執筆することができました。もちろん、その都度その都度、文章のつながりはこれでよいか、この論とこの論とでは流れが飛躍しすぎていないかなど、立ち止まり、調べ直し、確認して悩み悩み書き進めたわけですが、何を書いてよいのかわからないという悩みはなく、初単著のときからは少しは成長した自分を実感できました。最終的にこうしてなんとか一冊の本という形にすることができました。本書には、「今現在、私が学級経営に関して考えているあれやこれやの全て」を詰め込みました。その分、読み手の皆さんには息苦しさを感じるところがあるかもしれません。それは私の精一杯が詰め込んであるからだと解釈してご容赦いただければ幸いです。一人でも多くのみな

さんに手に取ってもらって、私の考えを知っていただき、現場で役立ててもらうことが一番の望みです。

基本的に、本書は理論を結びつけて書いたものなので、臨床での実証に関しては不十分なところがあります。学級経営は臨床そのものです。現場があるからこそ成り立つわけですし、現場の役に立たないのでしたら意味がないと私は考えます。私自身は理論と実践と両方に身を置いている人間ですので、今後は本書をきっかけにして実践を進めていこうという人たちと積極的に交流し、実践の積み重ねと同時に本書で書いたことの修正をしていきたいと考えています。一緒に取り組んでみたいという人を募ります。どうぞお気軽にご連絡ください。

最後に、本書の出版の機会をいただき、応援していただいたアルテの市村社長に大変感謝申し上げます。一年前は、わたしがこのような本を執筆するとは夢にも思っていませんでした。

この本を手に取っていただいたすべての皆様のご多幸をお祈り申し上げます。

二〇二四年一〇月

阿部　隆幸

◆著者

阿部　隆幸（あべ　たかゆき）

1965年、福島県生まれ。福島大学教育学部卒業。福島大学大学院教育学研究科修了。小学校教諭を経て、現在、上越教育大学教職大学院教授。日本学級経営学会共同代表理事。授業づくりネットワーク副理事長。「学級経営」「授業経営」双方に軸足を置き、学習者目線を大切にした実践研究を進めている。共著・編著に『学級経営がうまくいくファシリテーション』『『学び合い』が機能する学級経営』『学級経営ＤＸ』『成功する『学び合い』はここがちがう！』（以上学事出版）『全単元・全時間の流れが一目でわかる！ 社会科板書型指導案』（明治図書）ほか多数。

ウェルビーイングな学級経営のためのポジティブ心理学
——先生や子ども、そして保護者の幸せな人生に向けて

2024年12月15日　第1刷発行

著　　者　阿部　隆幸
発 行 者　市村　敏明
発　　行　株式会社　アルテ
〒170-0013　東京都豊島区東池袋2-62-8
BIGオフィスプラザ池袋11F
TEL.03(6868)6812　FAX.03(6730)1379
http://www.arte-book.com
発　　売　株式会社　星雲社
（共同出版社・流通責任出版社）
〒112-0005　東京都文京区水道1-3-30
TEL.03(3868)3275　FAX.03(3868)6588
装　　丁　川嵜　俊明
印刷製本　シナノ書籍印刷株式会社

ISBN978-4-434-34945-4 C0011